Maravillas

MI LIBRO DE LECTURA Y ESCRITURA

McGraw Hill

COVER: Nathan Love, Erwin Madrid

mheducation.com/prek-12

McGraw Hill

Send all inquiries to:
McGraw-Hill Education
Two Penn Plaza
New York, New York 10121

ISBN: 978-0-07-702828-2
MHID: 0-07-702828-7

Printed in the United States of America.

10 11 12 13 14 LON 29 28 27 26 25

B

¡Bienvenidos a Maravillas!

Lee textos apasionantes de **Literatura**, **Ciencias** y **Estudios Sociales**.

- **APRENDE** acerca del mundo que te rodea.
- **PIENSA**, **HABLA** y **ESCRIBE** sobre géneros literarios.
- **COLABORA** en charlas e investigaciones.
- **¡EXPRÉSATE!**

my.mheducation.com

Con tus datos de acceso podrás leer textos, practicar gramática y ortografía, explorar proyectos de investigación y mucho más.

UNIDAD 1

GÉNERO 1 FICCIÓN REALISTA

ESTUDIOS SOCIALES

Recursos digitales Consulta este libro electrónico y otros recursos en **my.mheducation.com**

GÉNERO 2 FANTASÍA

UNIDAD 1

GÉNERO 3 TEXTO EXPOSITIVO

CONCLUSIÓN DE LA UNIDAD

ESTUDIOS SOCIALES

LO QUE APRENDISTE

AMPLÍA LO QUE APRENDISTE

EVALÚA TU PROGRESO

Coméntalo

Pregunta esencial

¿En qué se parecen y en qué se diferencian las familias en todo el mundo?

COLABORA

En algunos lugares del mundo, las familias celebran una fiesta de primavera llamada Holi. Las familias se pintan con polvos para representar el color de las flores.

ESTUDIOS SOCIALES

Comenta con un compañero o una compañera lo que ves en la foto. Piensa en las fiestas que se celebran en tu familia. ¿En qué se parecen tus fiestas a Holi? ¿En qué se diferencian? Escribe tus ideas en la tabla.

Parecido	Diferente

Exotica.im 2/Alamy

LECTURA COMPARTIDA

TOMA NOTAS

Hacerte preguntas te ayudará a saber qué quieres aprender, es decir, tu propósito de lectura. Escribe aquí tus preguntas.

____

____

____

A medida que lees, toma nota de:

Palabras interesantes ______

____

Detalles clave ____________

____

____

____

Un desfile tradicional

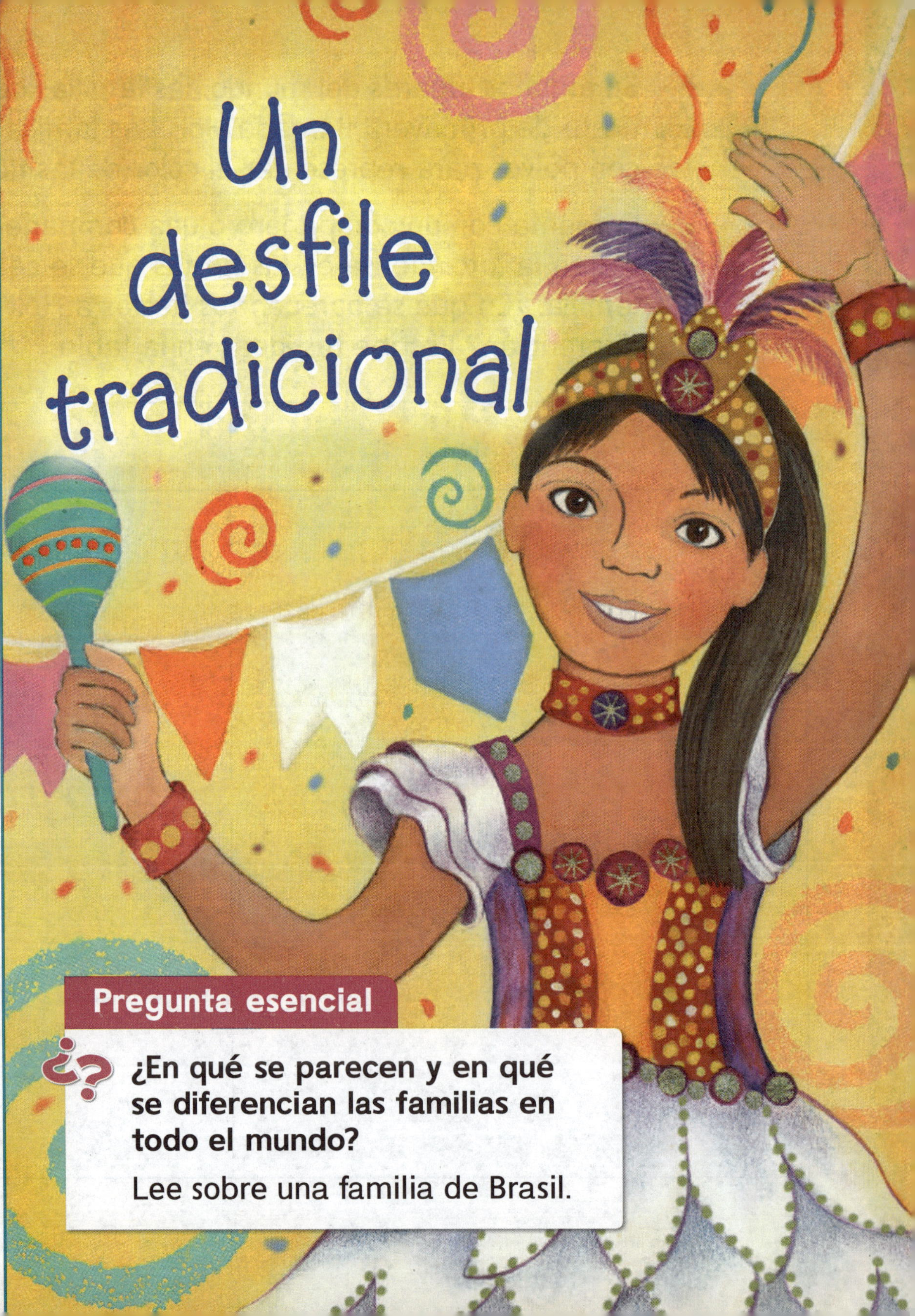

Pregunta esencial

¿En qué se parecen y en qué se diferencian las familias en todo el mundo?

Lee sobre una familia de Brasil.

María y su familia conversan en la alegre y cálida cocina de su casa.

—Mãe, ¡por favor! —ruega María.

Mãe habla portugués, que es el **idioma** de Brasil.

—A pesar de tus ruegos y súplicas, deberás ir a la práctica. El desfile es la próxima semana.

BUSCAR EVIDENCIAS

Leer

Párrafo 1

Personaje, ambiente, sucesos

Encierra en un cuadrado las palabras que muestran quiénes son los personajes. ¿Dónde están?

____

____

Párrafos 2 a 4

Principio, desarrollo, final

Encierra en un círculo lo que los papás de María quieren que ella haga al principio del cuento.

Releer

Técnica del autor

¿Por qué el autor escribe palabras en portugués en el cuento?

LECTURA COMPARTIDA

BUSCAR EVIDENCIAS

Leer

Párrafos 1 a 4

Principio, desarrollo, final

Encierra en un círculo lo que dice María acerca de ir a la práctica. **Encierra en un cuadrado** las razones por las que ella siente eso.

Párrafo 5

Visualizar

Subraya detalles que te ayuden a imaginar el desfile. ¿Qué puede compartir allí la familia?

____

____

Releer

Técnica del autor

¿Cómo usa el diálogo el autor para mostrar lo que siente cada personaje?

—No es justo —dice María en inglés.

Como hace poco que llegaron de Brasil, Mãe habla poco inglés. María se sorprende cuando le pregunta en inglés:

—¿Por qué no es justo? Debes hacer lo correcto.

—Ana me invitó a su casa. Quiero ir —responde María.

Pai dice:

—María, el desfile es importante. Vienen muchas personas. Algunas vienen de lugares **lejanos**. Prueban nuestra comida, ven nuestros bailes. Es una oportunidad para compartir nuestra **cultura**.

—Ya lo sé, pero quiero ir a casa de Ana —dice María.

—María, puedes ver a Ana en otro momento. En la práctica de hoy les darán los trajes —dice Pai.

María piensa en lo que dijo su papá. Pai tiene razón. Ella y los otros niños trabajaron mucho durante un año. Practicaron los pasos de baile una y otra vez. Hasta hicieron sus propios trajes de colores brillantes.

FICCIÓN REALISTA

BUSCAR EVIDENCIAS

Leer

Párrafos 1 y 2

Personaje, ambiente, sucesos

Encierra en un círculo lo que María puede hacer en otro momento. ¿Cuál es el suceso importante que ocurrirá ese día?

___

Párrafo 3

Terminaciones de palabras

Encierra en un cuadrado la terminación que se agrega a *practic-*. **Subraya** qué hicieron los niños una y otra vez para que les saliera bien el baile.

Releer

Técnica del autor

¿Por qué el autor describe lo que piensa María?

LECTURA COMPARTIDA

BUSCAR EVIDENCIAS

Leer

Párrafo 1

Principio, desarrollo, final

¿Qué piensa ahora María acerca de ir a la práctica?

____

____

____

Párrafo 2

Personaje, ambiente, sucesos

Subraya las dos oraciones que indican cuándo y dónde ocurre el desfile.

Releer

Técnica del autor

¿Por qué incluye el autor una ilustración para respaldar los detalles acerca del ambiente?

—Tienes razón. Iré a la práctica. Le diré a Ana que hoy no puedo ir —le dice María a su padre.

Una semana después es el día del desfile. Hay un gentío en la calle. Se oye un **murmullo** de entusiasmo. María y los niños visten trajes **parecidos** a los que se usan en el carnaval de Brasil. Bailan al ritmo de los tambores que **retumban**.

María ve a la **distancia** a una mujer con una cámara. Está en la otra **orilla** de la acera. Se acerca a María. Apunta la cámara hacia ella. María sonríe feliz. ¡Clic! La mujer le toma una foto a María. María se siente orgullosa de su esfuerzo.

Resume

Lee tus notas y piensa en los sucesos que ocurren al principio, en el desarrollo y al final de "Un desfile tradicional". Resume los sucesos importantes.

FICCIÓN REALISTA

BUSCAR EVIDENCIAS

Leer

Visualizar

Encierra en un círculo la persona a la que ve María en el desfile. **Subraya** los detalles que te ayudan a entender qué está haciendo ese personaje.

Principio, desarrollo, final

¿Cómo se siente María acerca de ir a la práctica al final del cuento?

____

____

____

____

____

____

Releer **LECTURA COMPARTIDA**

Vocabulario

Conversa con un compañero acerca de cada palabra. Luego, responde las preguntas.

cultura

Celebrar los cumpleaños es parte de nuestra **cultura**.

Menciona una celebración que sea parte de tu cultura.

distancia

Entre mi casa y la escuela hay una **distancia** de dos kilómetros.

¿En qué transporte prefieres hacer un viaje de larga distancia?

Tu lista de palabras En tu cuaderno de escritura, escribe la definición de una palabra interesante que hayas encontrado. Consulta un diccionario.

idioma

Mi amiga Noemí sabe hablar y escribir en otro **idioma**.

¿Cuántos idiomas hablas?

lejano

China es un país **lejano**.

¿Cuál es el estado más lejano?

murmullo

En el salón de actos se escucha el **murmullo** de los espectadores.

¿En qué lugares puedes escuchar un murmullo?

orilla

Me gusta jugar en la **orilla** del lago.

¿Qué puedes ver desde la orilla de un río?

____

____

parecido

Mi hermano es **parecido** a mi primo.

Di a quién eres parecido o parecida tú.

____

____

retumbar

Durante la tormenta **retumbaron** los truenos.

¿Qué instrumentos musicales retumban?

____

____

Terminaciones de palabras

Para entender el significado de una palabra que no sabes, trata de separar la raíz de la palabra de su terminación.

BUSCAR EVIDENCIAS

No estoy seguro de qué significa *practicaron*. Practicar significa "hacer". La terminación *-aron* corresponde a la tercera persona en plural del pasado. Creo que *practicaron* significa que varias personas hicieron algo.

> **Ella y los otros niños trabajaron mucho durante un año. Practicaron los pasos de baile una y otra vez.**

Tu turno Escribe otra palabra de la página 5 de "Un desfile tradicional" que tiene la terminación *-aron*.

____

____

Releer | LECTURA COMPARTIDA

Visualizar

Al visualizar, piensas en las palabras del autor para crear una imagen en tu mente acerca del cuento.

Acuérdate

Para visualizar, presta atención a las palabras que indican acciones, es decir, lo que hacen las personas. También son útiles las palabras que describen cosas y sonidos.

BUSCAR EVIDENCIAS

Cuando lees la última oración de la página 5, piensa en las palabras del autor para visualizar los trajes.

Página 5

Ella y los otros niños trabajaron mucho durante un año. Practicaron los pasos de baile una y otra vez. Hasta hicieron sus propios trajes de colores brillantes.

Leo "hicieron sus propios trajes de colores brillantes". Puedo imaginar los colores brillantes. Esto me ayuda a visualizar los trajes.

COLABORA

Tu turno Vuelve a leer el segundo párrafo de la página 6. ¿Qué detalles te ayudan a imaginar el desfile y cómo es el grupo donde baila María?

____

____

Principio, desarrollo, final

"Un desfile tradicional" es un cuento de ficción realista. Los personajes, ambientes y sucesos son inventados, pero podrían ser reales. Una ficción realista tiene un principio, un desarrollo y un final.

De lectores a escritores

Los escritores organizan los cuentos con un principio, un desarrollo y un final. Un cuento organizado así permite a los lectores seguir los sucesos principales y comprender a los personajes. Cuando escribas un cuento, puedes planificarlo de esta manera.

BUSCAR EVIDENCIAS

Me doy cuenta de que "Un desfile tradicional" es un cuento de ficción realista porque los personajes, ambientes y sucesos podrían ser reales. El cuento tiene principio, desarrollo y final.

Página 4

—No es justo —dice María en inglés.

Como hace poco que llegaron de Brasil, Mãe habla poco inglés. María se sorprende cuando le pregunta en inglés:

—¿Por qué no es justo? Debes hacer lo correcto.

—Ana me invitó a su casa. Quiero ir —responde María.

Pai dice:

—María, el desfile es importante. Vienen muchas personas. Algunas vienen de lugares **lejanos**. Prueban nuestra comida, ven nuestros bailes. Es una oportunidad para compartir nuestra **cultura**.

Principio, desarrollo, final

Al principio del cuento, María no quiere ir a la práctica. Prefiere visitar a su amiga. Sus padres le recuerdan por qué la práctica es importante.

COLABORA

Tu turno ¿Cómo cambia de opinión María acerca de ir a la práctica en el desarrollo y al final de la historia?

____

____

____

Releer

LECTURA COMPARTIDA

Personaje, ambiente, sucesos

El personaje de un cuento puede ser una persona o un animal. El ambiente de un cuento indica cuándo y dónde sucede el cuento. Los sucesos son lo que ocurre en el cuento.

Acuérdate

El ambiente es importante porque te permite entender a los personajes y los sucesos. Mira la tabla. La práctica ocurre una semana antes del desfile. Esto explica por qué los padres de María quieren que vaya.

BUSCAR EVIDENCIAS

Cuando leo las páginas 2 y 3 de "Un desfile tradicional", descubro quiénes son los personajes, dónde comienza el cuento y qué están haciendo los personajes.

Personaje	Ambiente	Sucesos
María Mãe Pai	la cocina de la casa de la familia, una semana antes del desfile	María les dice a sus padres que no quiere ir a la práctica. Sus padres quieren que ella vaya a la práctica.

COLABORA

Tu turno Vuelve a leer el cuento. Completa el organizador gráfico con información acerca de los personajes, ambientes y sucesos. Luego, comenta con un compañero un ejemplo de por qué el ambientes es importante.

Personaje	Ambiente	Sucesos
María Mãe Pai	la cocina de la casa de la familia, una semana antes del desfile	María les dice a sus padres que no quiere ir a la práctica. Sus padres quieren que ella vaya a la práctica.

Responder a la lectura

COLABORA

Comenta la pregunta de abajo. Piensa en la manera en que el autor muestra qué cosas son importantes para María y sus padres. Consulta tus notas y el organizador gráfico. Trata de incluir vocabulario nuevo en tu respuesta.

¿Cómo muestra el autor que los miembros de la familia trabajan juntos para tomar buenas decisiones?

___

___

___

___

___

___

___

___

Acuérdate

Completa estas oraciones para organizar la evidencia del texto.

Al principio del cuento, María...

En el desarrollo del cuento, el padre de María...

Al final del cuento, María...

Enlace gramatical

Recuerda que la primera palabra de una oración se escribe siempre con mayúscula. Escribe un punto al final de cada oración para indicar el final.

Integrar | BÚSQUEDA E INVESTIGACIÓN

ESTUDIOS SOCIALES

Palabras clave al buscar en internet

Usar **palabras clave** te permitirá encontrar datos rápidamente. Las palabras clave son palabras importantes que usamos al hablar o escribir acerca de un tema. Cuando haces una búsqueda en internet, las palabras clave indican a los motores de búsqueda qué buscar.

Imagina que quieres hallar información acerca de las celebraciones familiares en Brasil. ¿Qué palabras clave podrías escribir?

____

Acuérdate

Piensa preguntas de investigación para tu póster. Pregúntate qué quieres averiguar. Estas preguntas te servirán para descubrir qué palabras clave puedes escribir en tus búsquedas en internet.

COLABORA

Hacer un póster Con un compañero, haz un póster para mostrar en qué se parecen y en qué se diferencian los alimentos de todo el mundo. Puedes enfocarte en:

1. una comida en particular, como el desayuno.
2. un tipo de comida, por ejemplo, el pan.
3. las comidas preferidas en diferentes países.

¿Cuál es tu tema? ______________________________

Comenten qué palabras clave podrían escribir para hacer una búsqueda en internet.

¿Qué desayunan las personas en Francia?

¿Qué palabras clave puede escribir este autor en el motor de búsqueda para obtener una respuesta?

____

____

Releer | TEXTO PRINCIPAL

La otra orilla

Antología de literatura, páginas 10-31

¿Cómo muestra la autora lo que piensan en el pueblo de la niña acerca de la gente que vive en la otra orilla?

COLABORA

Coméntalo Vuelve a mirar la página 13. ¿Qué muestra la ilustración sobre el pueblo de la otra orilla?

Cita evidencias Escribe claves del texto y de las ilustraciones que muestren lo que piensan en el pueblo de la niña sobre las personas de la otra orilla.

Claves del texto	Claves de la ilustración

¿Qué piensan sobre la gente de la otra orilla?

Escribe La autora muestra que en el pueblo de la niña

piensan ______________________________

____

Combinar información

Al leer, piensa en qué información importante te aportan el texto y las ilustraciones. Al final de la lectura, puedes hacer conexiones entre esas ideas para entender mejor el texto y llegar a conclusiones nuevas.

¿De qué manera muestra la autora cómo cambian los sentimientos de Graciela al conocer a la familia de la otra orilla?

Coméntalo Mira las ilustraciones de la página 23. Comenta cómo se siente Graciela en la casa de la familia de la otra orilla.

Cita evidencias Escribe claves del texto y de las ilustraciones que muestren cómo se siente Graciela.

Claves del texto	Claves de las ilustraciones

Escribe La autora muestra que Graciela se siente ____________

____

____

Acuérdate

Los autores usan palabras e ilustraciones para mostrar las características de los personajes. Algunas características pueden relacionarse con cómo se ve un personaje, por ejemplo, si es alto. Otras describen cosas que no se pueden ver, como los pensamientos y sentimientos de los personajes.

Hacer inferencias

¿Por qué crees que el olor del pan y la leche caliente son importantes para Graciela?

Releer

TEXTO PRINCIPAL

¿Por qué la ilustración que muestra el puente es una parte importante de la selección?

COLABORA

Coméntalo Vuelve a leer las páginas 28 y 29 y observa las ilustraciones. Comenta con un compañero el mensaje que la autora quiere dejar en el final del cuento.

Cita evidencias Explica lo que ves en la ilustración y cómo esto te ayuda a entender el propósito de la autora. Cita evidencia del texto.

Claves de la ilustración	Propósito de la autora

Escribe La ilustración que muestra el puente es

importante porque ______________________

____

____

Hacer inferencias

Vuelve a leer las páginas 24 y 25. ¿Qué podrías suponer sobre la relación entre los personajes teniendo en cuenta las maneras en que se parecen ellos y también sus familias?

Responder a la lectura

COLABORA

Comenta la siguiente instrucción y luego respóndela. Piensa en cómo la autora muestra el cambio de las ideas y sentimientos de Graciela a lo largo del cuento.

¿Cómo cambia lo que siente la niña acerca de las personas de la otra orilla cuando las visita?

Acuérdate

Completa estas oraciones para organizar la evidencia del texto.

Al principio del cuento, Graciela...

Al final del cuento, Graciela se siente...

Mis lecturas

Elige un libro. Lee las primeras dos páginas. Si hay cinco o más palabras que no comprendes, elige otro libro que te permita leer una mayor cantidad de tiempo. Escribe en tu cuaderno de escritura el título del libro, el nombre del autor, el género y tu propósito de lectura.

Releer **LECTURA COMPLEMENTARIA**

Antología de literatura, páginas 32–35

De aquí y de allá

En todo el mundo, las familias hacen algunas cosas de la misma manera. Y hacen otras cosas de manera diferente. Vamos a ver cómo viven familias de diferentes culturas.

Todas las familias necesitan un hogar. Algunas familias viven en grandes ciudades. Pueden vivir en edificios de apartamentos de varios pisos. Muchas familias viven en el mismo edificio.

Vuelve a leer el párrafo 1. **Subraya** dos oraciones acerca de familias del mundo. ¿Sobre qué tema aprenderás en este texto?

____

____

Vuelve a leer el párrafo 2. **Encierra en un cuadrado** qué necesitan las familias. **Encierra en un círculo** detalles que indican dónde viven algunas familias.

COLABORA

Comenta con un compañero cómo viven las personas en las grandes ciudades. Respalda tus ideas con detalles del texto y la fotografía.

Algunas familias viven cerca del agua. Algunas familias viven en casas sobre pilotes. Los pilotes son postes altos, que ayudan a proteger las casas del agua.

Paul Taylor/The Image Bank/Getty Images

Vuelve a leer el párrafo. **Encierra en un cuadrado** la definición de pilotes que da el autor. Busca los pilotes en la foto.

¿Por qué algunas familias viven en casas sobre pilotes? **Subraya** las claves en el texto. Escribe aquí tu respuesta.

____

____

____

COLABORA

Con un compañero, haz y responde preguntas sobre los diferentes tipos de casas en que viven las personas en todo el mundo. También puedes relacionar esta lectura con tu propia experiencia, o con otros textos que has leído.

¿Por qué el autor escribe acerca de familias de diferentes partes del mundo?

COLABORA

Coméntalo Vuelve a leer las páginas 32 a 35 de la **Antología de literatura**. ¿Qué escribe el autor sobre las familias?

Cita evidencias Escribe detalles del texto que muestren en qué se parecen las familias.

Todas las familias

Escribe El autor explica que ______________________________

____

Acuérdate

El autor muestra que las familias tienen las mismas necesidades y actividades en todo el mundo. Haz conexiones entre las familias sobre las que lees y tu propia familia.

Leyendas

Las leyendas son palabras que dan información acerca de una foto, un mapa o cualquier otro elemento del texto. Los autores escriben leyendas para dar información sobre las imágenes que hay en el texto.

Acuérdate

Los autores incluyen fotografías y leyendas en los textos expositivos para ayudarte a comprender el tema. En general, los autores incluyen leyendas para señalar un detalle importante que se muestra en una foto.

BUSCAR EVIDENCIAS

Vuelve a mirar las fotos y las leyendas de la página 32 en "De aquí y de allá". ¿Qué aprendiste al leer las leyendas? Escribe tu respuesta abajo.

COLABORA

Tu turno Vuelve a mirar las fotos y las leyendas de la página 33. ¿Cómo te ayudan las leyendas a comprender el propósito de estas fotografías?

Integrar | HACER CONEXIONES

¿Qué aprendiste acerca de pasar tiempo con los amigos y con la familia?

Coméntalo Piensa en las selecciones que leíste. Lee la canción. Comenta qué dice la canción sobre estar con los amigos. ¿En qué se parece estar con los amigos a estar con la familia?

COLABORA

Cita evidencias Encierra en un círculo una clave de la canción que indique en qué se parecen los amigos a la familia.

Escribe Esta canción y las selecciones que leí me ayudan a entender que ____________________

____

____

____

____

____

____

Acuérdate

Usa estas oraciones para hablar de amigos y familias:

Los amigos son como la familia porque...

En mi familia pasamos tiempo juntos porque...

Cuanto más nos reunimos

Cuanto más nos reunimos
más felices somos.

Los amigos compartimos
muchos buenos momentos
y alegres nos sentimos
cuando estamos juntos.

Cuanto más nos reunimos
más felices somos.

(Canción popular alemana)

Shutterstock/Monkey Business Images

ESTUDIOS SOCIALES

Presentar el trabajo

COLABORA

Planea con tu compañero la presentación de tu póster a la clase. Consulten la lista de verificación de Comprobar la presentación. Comenten las oraciones incompletas de abajo y escriban sus respuestas.

Un dato interesante que aprendí acerca de las comidas

del mundo es ______________________________

____

Me gustaría saber más acerca de ________________

Acuérdate

Haz una pausa después de cada punto para que el público pueda seguir las ideas importantes. No te preocupes si te equivocas. Respira profundo y continúa la presentación.

Comprobar la presentación

- ☐ Practica tu presentación.
- ☐ Mira al público.
- ☐ Habla lentamente y con claridad.
- ☐ Asegúrate de que todos puedan ver el póster.
- ☐ Escucha con atención las preguntas del público.

Texto modelo

Antología de literatura, páginas 10–31

Características de los textos de ficción realista

Un texto de ficción realista es un cuento que podría suceder en la vida real.

- Los personajes se comportan y hablan como personas de la vida real.
- El narrador incluye palabras que indican la secuencia, es decir, el orden de los sucesos.
- La historia tiene un principio, un desarrollo y un final.

Analiza el texto modelo Analizar *La otra orilla* te ayudará a aprender a escribir textos de ficción realista. Vuelve a leer las páginas 16 y 17 de la **Antología de literatura**. Responde las siguientes preguntas.

¿Qué características de los personajes indican que este es un texto de ficción realista?

____

¿Cómo muestra la autora la secuencia de los sucesos?

____

Planificar: Lluvia de ideas

Genera ideas Escribirás una ficción realista acerca de una familia. Usa este espacio para organizar tus ideas. Haz dibujos y escribe palabras que describan a los personajes, el ambiente y los sucesos acerca de los que escribirás.

Acuérdate

Cuando pienses en los sucesos que puedes contar, piensa en un problema que podría tener alguien de una familia, o en alguna situación que haga a la familia sentirse más unida.

Planificar: Elige un tema

Instrucciones Escribe un texto de ficción realista sobre una persona de una familia. Muestra cómo cambian sus sentimientos a lo largo del cuento. Completa estas oraciones como punto de partida.

Mi personaje es ______________________________

Al principio del cuento, __________________________

____

En el desarrollo, ______________________________

____

Al final, ____________________________________

____

Acuérdate

Tu público, es decir, tus lectores, puede estar compuesto por tus compañeros o tu familia. Piensa en la manera de hacer tus ideas interesantes y divertidas para ellos.

Propósito y público Algunos autores escriben textos de ficción realista para entretener. También pueden escribir para mostrar cómo las personas crecen y aprenden. Piensa en por qué elegiste a tus personajes. Explica tu propósito para escribir en tu cuaderno de escritura.

andresr/E+/Getty Images

Planificar: Organización

COLABORA

Desarrollar una secuencia Los autores piensan en una secuencia, es decir, un orden de los sucesos en un cuento. Lee la tabla de abajo. Escribe *primero, luego* y *finalmente* para mostrar la secuencia de los sucesos.

________________, ¡La puerta de casa quedó abierta y la perrita de Ana escapó!
↓
________________, mamá y papá ayudan a buscar a Cereza. Oyen un ladrido.
↓
________________, ven a Gabi, la amiga de Ana. ¡Ella tiene a la perrita! "Cereza quería venir a mi patio" dice Gabi, riéndose.

Planificar Haz una tabla como esta en tu cuaderno de escritura. Complétala con los detalles de lo que ocurre al principio, en el desarrollo y al final de tu cuento.

Acuérdate

Algunas palabras y frases sirven para mostrar que la historia avanza de una parte a la siguiente. Puedes incluir palabras como *primero, más tarde, luego, después de, cuando, finalmente* y *al final* para indicar la secuencia.

Hacer un borrador

COLABORA

Detalles descriptivos Al principio del cuento, el autor de "Un desfile tradicional" describe los personajes, el ambiente y los sucesos con detalles descriptivos.

> María y su familia conversan en la alegre y cálida cocina de su casa.
>
> –Mãe, ¡por favor! –ruega María.
>
> Mãe habla portugués, que es el **idioma** de Brasil.
>
> –A pesar de tus ruegos y súplicas, deberás ir a la práctica. El desfile es la próxima semana.

Usa el texto como modelo. Piensa en detalles de tu ambiente. Incluye detalles descriptivos en los diálogos.

____

____

Haz un borrador Usa tu tabla como guía para escribir un borrador en tu cuaderno. Recuerda usar detalles para describir los personajes, el ambiente y los sucesos.

Revisar

Principio interesante Un principio interesante capta tu atención y hace que quieras seguir leyendo para saber qué ocurrirá. Lee el siguiente principio del cuento. Luego, corrígelo. Agrega detalles acerca del personaje y su problema para que los lectores se interesen en el cuento.

Tomás había dormido de más. Tenía que organizar un picnic del Día del Padre. Del otro lado de la ventana había nubes.

Revisar Es el momento de revisar tu borrador. Incluye un principio interesante que haga que el lector quiera seguir leyendo para saber qué ocurrirá.

Acuérdate

Los principios interesantes pueden describir un problema que tiene un personaje. Piensa en detalles que muestren cómo se siente el personaje sobre ese problema. Un diálogo o una frase pueden servir para expresar sentimientos.

Enlace gramatical

Presta atención a los signos de puntuación. Recuerda escribir un signo de interrogación al comienzo y al final de las oraciones interrogativas y signos de exclamación para expresar sentimientos fuertes.

Revisar: Charlas entre compañeros

COLABORA

Revisión del borrador Escucha con atención mientras tu compañero lee su texto en voz alta. Comenta lo que te gustó del borrador. Haz preguntas a tu compañero y sugiere ideas que refuercen su escritura.

Sugerencias de compañeros Escribe una de las sugerencias de tu compañero que aplicarás en la revisión de tu cuento.

A partir de la sugerencia de mi compañero, voy a ______

____

____

Comenten su charla entre compañeros. ¿Fue útil? ¿Qué podrían hacer de otra manera la próxima vez?

____

____

Revisión Consulta la lista de verificación de Comprobar la revisión para pensar qué partes debes modificar, añadir o eliminar. Recuerda que puedes usar las pautas de calificación de la página 35 como ayuda.

Acuérdate

Completa estas oraciones para comentar el trabajo de tu compañero.

Me gustó el principio de tu cuento porque...

Podrías agregar detalles sobre...

Tengo una pregunta sobre...

Comprobar la revisión

- [ ] ¿Mi cuento de ficción realista se ajusta a mi propósito y a mi público?
- [ ] ¿Incluye detalles descriptivos?
- [ ] ¿Comienza con un principio interesante?
- [ ] ¿Tiene principio, desarrollo y final?

Corregir

Al **corregir** tu texto, buscas errores y los enmiendas. Si lees un borrador varias veces, te asegurarás de no pasar por alto ningún error. Consulta la siguiente lista de verificación de Comprobar la corrección al revisar tus oraciones.

Comprobar la corrección

- ☐ ¿Todas las oraciones son completas?
- ☐ ¿Todas las oraciones interrogativas comienzan y finalizan con un signo de interrogación?
- ☐ ¿Empiezan y terminan con signos de exclamación las oraciones que muestran sentimientos fuertes, como el entusiasmo?
- ☐ ¿Todas las oraciones finalizan con un punto?
- ☐ ¿Todas las palabras están escritas correctamente?

Escribe dos errores que hayas encontrado al corregir tu texto.

1. ____

   ____

2. ____

   ____

Enlace gramatical

Al corregir tu borrador, asegúrate de que todas las oraciones expresen una idea completa y estén escritas correctamente. Debes escribir un punto al final de las oraciones enunciativas y un signo de interrogación al comienzo y al final de las oraciones interrogativas.

Publicar, presentar y evaluar

Publicación Al publicar tu texto, escribes una copia final de tu borrador limpia y sin errores. Asegúrate de escribir con letra clara y que se lea bien. Deja un espacio del ancho de la punta del lápiz entre letra y letra, y del ancho del lápiz entre palabra y palabra. Puedes agregar ilustraciones u otros elementos visuales para hacer más interesante tu trabajo publicado.

Presentación Cuando estés listo para presentar tu trabajo, ensaya tu presentación. Consulta la lista de verificación de Comprobar la presentación.

Evaluación Después de publicar y presentar tu cuento, lee las pautas de calificación en la página 35 para evaluarlo.

1. ¿Qué te quedó bien en tu texto? ______________________

____

____

2. ¿Qué partes requieren más trabajo?______________________

____

____

✓ Comprobar la presentación

- ☐ Párate erguido.
- ☐ Mira al público.
- ☐ Habla lentamente y con claridad.
- ☐ Habla a un volumen lo suficientemente alto como para que todos te escuchen.
- ☐ Responde las preguntas con detalles de tu cuento.

Escuchar Al escuchar activamente, prestas atención a lo que oyes. Cuando escuches las presentaciones de otros estudiantes, toma notas que te ayuden a comprender sus ideas.

De la presentación de ....

aprendí: ____

Preguntas que tengo acerca de la presentación de

....:

____

Saber escuchar

- ☐ Mira a la persona que habla.
- ☐ Identifica detalles sobre personajes.
- ☐ Identifica detalles sobre el principio, el desarrollo y el final del cuento.
- ☐ Identifica qué cosas hace bien el hablante.
- ☐ Piensa en preguntas que puedas hacer.

4	3	2	1
• Se narra una ficción realista vívida sobre un personaje en una familia. • Comienza con un principio interesante con detalles descriptivos. • Tiene un principio, desarrollo y final muy claros. • Tiene pocos errores, o ninguno.	• Se narra una ficción realista sobre un personaje en una familia. • Comienza con un principio interesante. • Tiene principio, desarrollo y final. • Tiene pocos errores.	• Se intenta escribir una ficción realista pero los detalles son poco claros. • El principio no es interesante. • Se intenta ordenar los sucesos y crear un principio, desarrollo y final. • Los errores distraen la atención del texto.	• No se enfoca en el género o el tema. • No tiene un principio claro. • Los sucesos no están ordenados en principio, desarrollo y final. • Hay muchos errores que dificultan la comprensión.

Coméntalo

¿? Pregunta esencial

¿Cómo se ayudan los amigos?

COLABORA

Estas amigas están mirando un mapa. Se ayudan la una a la otra a encontrar en el mapa el lugar donde están. Los amigos dependen el uno del otro de muchas maneras.

Comenta en pareja cómo dependemos de nuestros amigos, o cómo nos ayudamos unos a otros. Escribe tus ideas en la red.

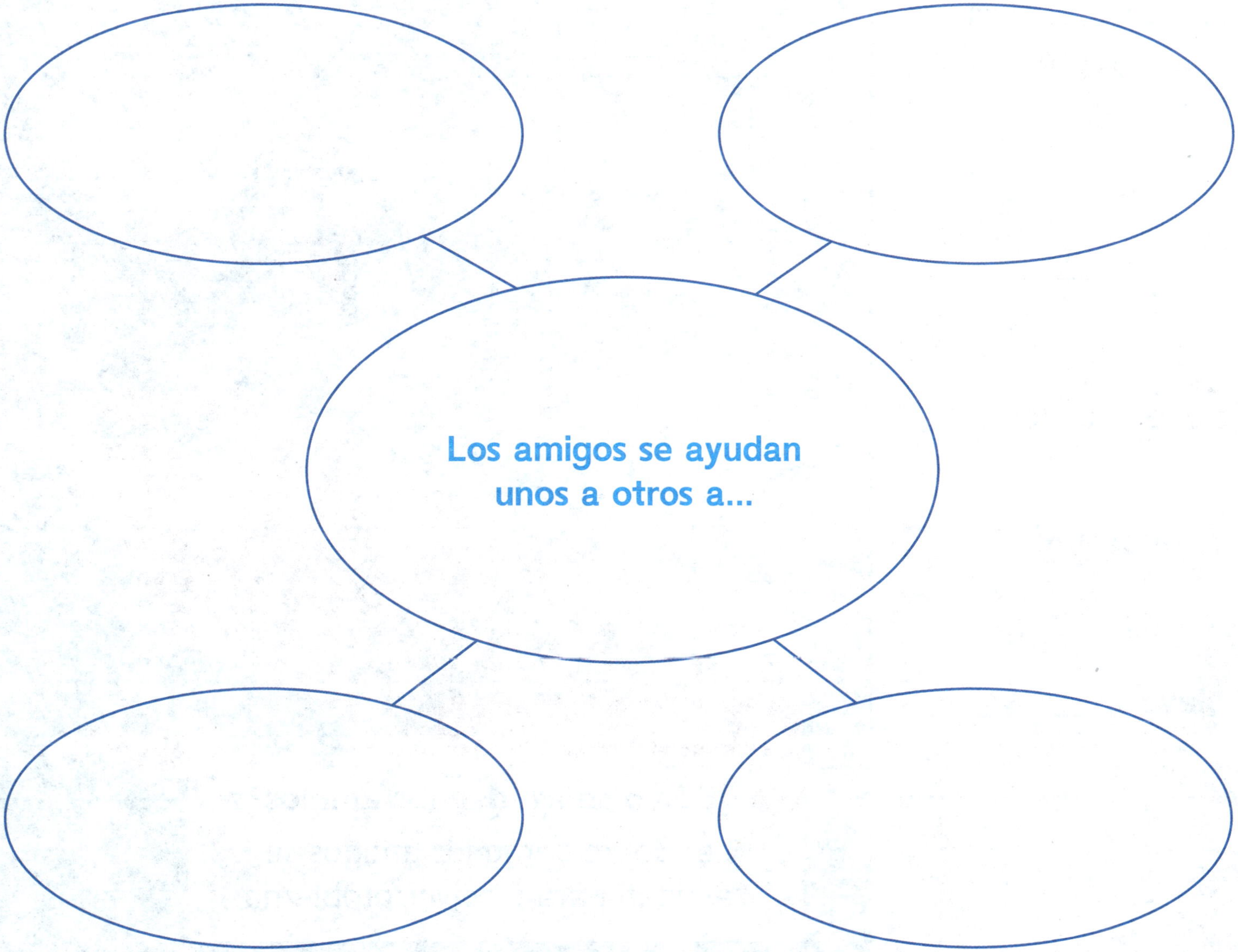

Lisa Sciascia/istop Images/Getty Images

LECTURA COMPARTIDA

TOMA NOTAS

Una predicción es una idea acerca de lo que sucederá en un cuento. Usa el título y las ilustraciones para escribir una predicción sobre lo que ocurre en el cuento.

____

____

____

A medida que leas, toma nota de:

Palabras interesantes ______

____

Detalles clave ______

____

____

____

Muy lejos, tan cerca

Pregunta esencial

¿Cómo se ayudan los amigos?

Lee sobre cómo los amigos se ayudan para resolver problemas.

—Está todo —dijo el pingüino de lentes—. Con esta receta, los osos podrán cocinar una sabrosa sopa de nubes.

Los pingüinos también enviaban mensajes para sus amigos lejanos.

La paloma se puso en **acción**. Colocó los mensajes y la receta en sus patitas.

Los osos no sabían preparar la sopa de nubes. Entonces, los pingüinos les enviaban la receta. Se estaban comportando como verdaderos amigos.

FANTASÍA

BUSCAR EVIDENCIAS

Leer

Párrafos 1 a 3

Visualizar

Encierra en un cuadrado detalles del texto que te ayuden a visualizar lo que cocinarán los osos.

Párrafo 4

Detalles clave

Subraya por qué los osos necesitan la ayuda de los pingüinos. ¿Cómo ayuda la paloma a los pingüinos y a los osos?

____

____

Releer

Técnica del autor

¿Cómo muestra el autor que los animales colaboran entre ellos?

LECTURA COMPARTIDA

BUSCAR EVIDENCIAS

Leer

Usar ilustraciones

¿Cómo es la paloma? Descríbela.

Párrafo 2

Detalles clave

Encierra en un círculo el detalle que dice la hora del día. Escribe lo que la paloma no quiere que ocurra.

Releer

Técnica del autor

¿Qué detalles nos ayudan a comprender lo que quiere la paloma?

Cuando cruzaba la selva, la paloma decidió bajar a tomar agua. Un viento suave le acarició las plumas. Se sintió más liviana. Aterrizó junto al río y **se acomodó** sobre una rama. Un perezoso se arreglaba la **melena**.

—¡Calurosas tardes, hermano perezoso! No quiero que se mojen los mensajes. ¿Sabe dónde puedo dejarlos? Tampoco quiero que el viento se los lleve.

El perezoso miró las patitas de la paloma.

—Hermana paloma, el viento ya se los llevó.

Mónica Pironio

El perezoso llamó a los otros animales.

—¡Tía boa! ¡Tío cocodrilo! ¡Abuela cotorra!

La boa se deslizó entre las ramas. Tuvo cuidado de no **atascarse**. Encontró tres mensajes.

El cocodrilo fue al pantano. Encontró dos mensajes sobre unas plantas flotantes.

La cotorra voló entre las lianas. Encontró dos mensajes más.

—¿Son estos?

—Sí, abuela cotorra. Pero todavía no **apareció** la receta.

BUSCAR EVIDENCIAS

Leer

Párrafos 1 y 2

Raíces de palabras

Busca la palabra *llamó*. **Encierra en un círculo** la raíz de la palabra.

Párrafos 3 a 5

Detalles clave

Subraya lo que hace cada animal para buscar los mensajes. ¿A qué animales llama el perezoso?

____

____

Releer

Técnica del autor

¿Cómo te muestra el autor que el problema de la paloma aún no está resuelto?

LECTURA COMPARTIDA

BUSCAR EVIDENCIAS

Leer

Párrafo 1

Visualizar

Subraya la oración que te ayuda a visualizar dónde estaba la receta perdida.

Párrafo 3

Detalles clave

Encierra en un cuadrado lo que quiere el perezoso. ¿Por qué necesita a la paloma?

____

____

____

Releer

Técnica del autor

¿Qué detalles incluye el autor para mostrar que la paloma se esfuerza para ayudar a los animales?

El perezoso miró hacia el cielo. Un papel **solitario** volaba sin rumbo. ¡Era la receta! La paloma estaba agradecida. Ya tenía todos los mensajes.

—Todos no —dijo el perezoso.

Quería escribirles a los pingüinos y a los osos. Y para eso, **dependía** de la paloma.

—Nosotros también queremos ser sus amigos —dijeron los otros animales.

La paloma se miró las patitas llenas de mensajes y suspiró.

—Está bien —dijo—. Llevaré los mensajes con todo gusto. Espero no perderlos.

Y no los perdió. Ahora, la paloma va y viene. Lleva y trae. Los osos envían mensajes. Los animales de la selva envían mensajes. Los pingüinos envían mensajes.

La paloma no necesita mensajes porque los visita a todos. Solo necesita **acurrucarse** un poco cuando tiene frío. Luego, bebe un tazón de sopa de nubes.

Resume

Resume "Muy lejos, tan cerca". Luego, habla sobre tu predicción de la página 38. Usa las ilustraciones y el título para ayudarte a explicar por qué tu predicción fue correcta o necesitó modificarse.

BUSCAR EVIDENCIAS

Leer

Párrafo 2

Detalles clave

Subraya la oración que te indica si la paloma perdió o no los mensajes.

Hacer inferencias

¿Cómo te ayuda la ilustración a saber que la paloma ayudó a los osos?

____

____

____

Fluidez

Túrnense para leer el texto de estas páginas en voz alta. ¿Cómo te ayuda el autor a expresar los sentimientos de la paloma al leer?

Vocabulario

A partir de las oraciones, conversa con un compañero acerca de cada palabra. Luego, responde las preguntas.

acción

Las **acciones** de los jugadores evitaron el gol.

¿Qué acciones sueles hacer cada mañana?

acomodarse

El gato **se acomodó** en el sofá.

¿Dónde puedes acomodarte para estudiar?

Tu lista de palabras Elige una palabra que anotaste mientras leías. Busca en un diccionario en línea su significado.

acurrucarse

El perro **se acurrucó** detrás del sillón.

¿Dónde te acurrucas al jugar a las escondidas?

aparecer

El gato se escapó pero luego **apareció**.

¿Qué puede hacer aparecer un mago?

atascarse

Mi pie **se atascó** entre las tablas de madera.

¿Dónde pueden atascarse los carros?

depender

Nico **depende** de su papá para aprender a andar en bicicleta.

¿Para qué cosas dependes de tus padres?

____

____

melena

El puma no tiene **melena**.

¿Qué animal tiene melena?

____

____

solitario

Algunos escritores son personas **solitarias**.

¿Qué hábitos tiene una persona solitaria?

____

____

Raíces de palabras

Para comprender el significado de una palabra que no conoces, trata de separar la raíz de la palabra de su terminación.

BUSCAR EVIDENCIAS

No sé qué significa sabían. *Voy a separar la raíz de la palabra,* sab-, *y la terminación,* -ían. Sab- *indica que la palabra está relacionada con* saber *("conocer, entender"). La terminación* -ían *indica que la acción ocurrió en el pasado. Por lo tanto,* sabían *significa 'conocían o entendían en el pasado'.*

Los osos no sabían preparar la sopa de nubes.

Tu turno Usa la raíz de la siguiente palabra para descubrir su significado.

apareció, página 41 ______________________________

____

Releer | LECTURA COMPARTIDA

Visualizar

Cuando visualizas, formas imágenes en la mente sobre los personajes, el ambiente y los sucesos del cuento.

Acuérdate

Mientras lees, busca palabras que describan cómo se ven, saben, huelen, sienten o se oyen las cosas. Esto te ayudará a visualizar la historia.

BUSCAR EVIDENCIAS

Después de leer la página 40 de "Muy lejos, tan cerca", sé que la paloma decidió bajar a tomar agua. ¿Qué palabras usa el autor para ayudar a los lectores a visualizar lo que hizo la paloma para tomar agua?

Página 40

Cuando cruzaba la selva, la paloma decidió bajar a tomar agua. Un viento suave le acarició las plumas. Se sintió más liviana. Aterrizó junto al río y **se acomodó** sobre una rama.

Leo que la paloma "aterrizó junto al río y se acomodó sobre una rama". Esto me ayuda a visualizar qué hizo la paloma para tomar agua.

Tu turno Vuelve a leer la página 40. ¿Qué palabras te ayudan a visualizar cómo soplaba el viento?

____

____

____

Usar ilustraciones

El cuento "Muy lejos, tan cerca" es una fantasía, porque es un cuento inventado con personajes que no podrían ser reales. A menudo, las fantasías tienen ilustraciones que muestran a los personajes, el ambiente y los sucesos.

BUSCAR EVIDENCIAS

Al leer sé que el cuento tiene personajes inventados que no podrían ser reales. Esta historia es una fantasía.

Acuérdate

Cuando leas una fantasía, hazte preguntas como: *¿En qué se parecen los personajes a las personas o los animales reales? ¿En qué se diferencian? ¿Qué ilustraciones muestran cosas que no podrían ocurrir en la vida real?*

Página 40

Cuando cruzaba la selva, la paloma decidió bajar a tomar agua. Un viento suave le acarició las plumas. Se sintió más liviana. Aterrizó junto al río y **se acomodó** sobre una rama. Un perezoso se arreglaba la **melena**.

—¡Calurosas tardes, hermano perezoso! No quiero que se mojen los mensajes. ¿Sabe dónde puedo dejarlos? Tampoco quiero que el viento se los lleve.

El perezoso miró las patitas de la paloma.

—Hermana paloma, el viento ya se los llevó.

Ilustraciones

Veo que la paloma y el perezoso tienen ropa. Sé que esos animales no usan ropa en la vida real. Se trata de una fantasía.

COLABORA

Tu turno Usa las ilustraciones para hallar un suceso del cuento que no podría ser real. Explica por qué el cuento es una fantasía.

Detalles clave

Puedes hallar información importante de un cuento al buscar detalles clave en las ilustraciones y en el texto.

Acuérdate

Las ilustraciones pueden ayudarte a comprender detalles clave del texto. También pueden mostrar detalles que no aparecen en el texto.

BUSCAR EVIDENCIAS

Mientras leo la página 39 de "Muy lejos, tan cerca", puedo mirar la ilustración y el texto para hallar un detalle clave sobre los personajes y los sucesos.

Detalle

La paloma viaja para llevar mensajes de los pingüinos para los osos.

COLABORA

Tu turno Sigue leyendo el cuento. ¿Entrega los mensajes la paloma? Usa tus notas para registrar los detalles clave en el organizador gráfico.

Detalle	Detalle	Detalle
La paloma viaja para llevar mensajes de los pingüinos para los osos.		

Responder a la lectura

COLABORA

Comenta la pregunta de abajo. Piensa en los detalles importantes que el autor presenta en el texto. Consulta tus notas y el organizador gráfico para contestar la pregunta.

¿Cómo muestra el autor en el texto y en las ilustraciones que los personajes dependen los unos de los otros?

Acuérdate

Completa estas oraciones para organizar la evidencia del texto.

La paloma...

Una ilustración muestra...

Los animales...

Otra ilustración muestra...

Enlace gramatical

Presta atención a la relación entre el sujeto y el predicado en las oraciones. Usa un verbo en singular si el sujeto es singular y un verbo en plural si el sujeto es plural.

La paloma ***ayuda****.*

Los animales ***ayudan****.*

Integrar | BÚSQUEDA E INVESTIGACIÓN

ESTUDIOS SOCIALES

Hacer preguntas

Para aprender sobre un tema, **haz preguntas** sobre lo que quieres saber. Puedes hablar con otras personas para encontrar respuestas a tus preguntas. Esto es lo que se conoce como investigación informal.

Investigarás sobre cómo dependemos de nuestros amigos. ¿Qué preguntas puedes hacer a tus compañeros acerca de alguna situación en la que dependieron de un amigo?

Acuérdate

Comenta alguna ocasión en la que un amigo te haya ayudado a resolver un problema, a aprender algo nuevo o a hacerte sentir mejor en alguna situación.

COLABORA

Lista "Dependemos de nuestros amigos" En un grupo pequeño, hagan y respondan preguntas sobre cómo dependemos de nuestros amigos. Anoten las respuestas. Elaboren una lista con un ejemplo de cada miembro del grupo. Acompañen la lista con una imagen.

Respondérás preguntas y darás información. Escribe ideas sobre un ejemplo que puedas compartir con el grupo.

Image Source/Punchstock

Releer | TEXTO PRINCIPAL

Lom y los nudones

¿Qué te indica el diálogo de las páginas 45 y 47 sobre la relación entre Lom y el Garzón Soldado?

COLABORA

Coméntalo Vuelve a leer las páginas 45 y 47. Comenta las primeras líneas del diálogo, es decir, lo que dicen Lom y el Garzón Soldado al comienzo de la página.

Cita evidencias Escribe las frases repetidas o parecidas que dicen los personajes en esas páginas y qué indican.

Lom	El Garzón Soldado

Escribe El diálogo me ayuda a entender ______________________

____

Antología de literatura, páginas 36-61

Acuérdate

Las evidencias del texto son ejemplos sacados del texto. Pueden ser palabras o frases que se usan para responder preguntas acerca del texto. Justifica tus ideas con evidencias del texto.

Hacer inferencias

Una inferencia es algo que supones basándote en evidencia del texto. ¿Crees que Lom y el Garzón Soldado son buenos amigos? Usa evidencia del texto para justificar tu respuesta.

¿Cómo muestra la autora los sentimientos de Lom después de que le cortan la melena?

Coméntalo Vuelve a mirar y leer las páginas 48 y 49. Comenta lo que dice y hace Lom.

Cita evidencias ¿Qué detalles de las páginas 48 y 49 te indican cómo se siente Lom? Escribe evidencias del texto.

Detalle 1	Detalle 2

Escribe Sé cómo se siente Lom porque ____________________

____

____

____

Acuérdate

A medida que lees, completa estas oraciones para hablar sobre los sentimientos de Lom.

Lom se mira...

Lom dice...

Combinar información

Los detalles que ya conoces te ayudarán a entender los eventos de la historia. ¿Por qué Lom no se siente bien sin la melena? Busca detalles en las últimas oraciones de las páginas 45 y 47 para comprender por qué no se siente bien.

Releer | TEXTO PRINCIPAL

¿Cómo usa la autora el texto y las ilustraciones para mostrar que Lom y el puercoespín se hacen amigos al final?

COLABORA

Coméntalo Vuelve a mirar y leer las páginas 56 y 57. Habla sobre lo que hace Lom cuando el puercoespín se sube a su espalda. Comenta lo que muestra la ilustración.

Cita evidencias Escribe tres pistas que te ayudan a comprender cómo se sienten los personajes.

Detalle	Detalle	Detalle

Escribe Sé que Lom y el puercoespín se hacen

amigos porque ______________________________

____

Acuérdate

Los detalles que muestran lo que hace Lom o cómo se ve pueden ayudarte a comprender cómo se siente.

Responder a la lectura

COLABORA

Comenta la siguiente instrucción. Antes de contestarla, piensa en cómo se ayudan los personajes del cuento.

¿Cómo demuestra la autora la importancia de ayudar a los amigos?

Acuérdate

Completa estas oraciones para organizar la evidencia del texto.

La autora demuestra que...

Las técnicas que usa...

Mis lecturas

Elige un texto. En tu cuaderno de escritura, escribe el título, el nombre del autor y el género del texto. A medida que leas, haz conexiones con las ideas de otros textos que hayas leído o con tus propias experiencias. Escribe tus ideas en tu cuaderno de escritura.

Releer | LECTURA COMPLEMENTARIA

El caballito de los siete colores

Antología de literatura, páginas 62-63

Apenas se acurrucó en su escondite, divisó unos caballos que se acercaban. Eran de colores muy brillantes: rojo, azul, verde, amarillo. Germán corrió hacia ellos y lanzó una cuerda. Con su rápida acción, Germán logró atrapar a uno. ¡Su melena y su pelaje tenían los colores del arcoíris!

El caballito no intentó escapar. Miró a Germán a los ojos y le ofreció:
–Si me sueltas, haré que tus hortalizas germinen en un instante. Puedes depender de mí.

Vuelve a leer el párrafo 1. ¿Qué hace Germán para atrapar un caballo? **Encierra en un círculo** la evidencia en el texto.

Vuelve a leer el párrafo 2. **Subraya** la solución que ofrece el caballito para el problema. Escríbelo aquí con tus propias palabras.

____

____

____

COLABORA

Comenta lo que el caballo le dice a Germán para mostrarle su amistad.

El joven aceptó el trato. Así fue como los vegetales crecieron más grandes que nunca. El caballo venía de una región donde los animales tenían poderes mágicos.

Germán llamó "Arcoíris" a su nuevo amigo. Y el caballo le prometió que regresaría cada año para ayudar con la siembra.

—Te esperaremos con alegría. ¡Ven con todos tus amigos! Organizaremos un gran banquete. Las hortalizas más deliciosas, ¡serán todas para ustedes!

Vuelve a leer el párrafo 2. **Subraya** lo que el caballo le promete a Germán. ¿De qué forma lo ayudaría?

____

____

____

____

Vuelve a leer el párrafo 3. **Encierra en un círculo** lo que harán los campesinos para agradecer a los caballitos por su ayuda.

COLABORA

Comenta de qué forma el autor usa los diálogos para explicar el trato que hacen el caballito y Germán.

Releer

LECTURA COMPLEMENTARIA

¿Qué logran Germán, los campesinos y los caballitos al hacer un pacto?

COLABORA

Coméntalo Vuelve a leer las páginas 62 y 63 de la **Antología de literatura**. Comenta cómo depende Germán del caballito y cómo depende el caballito de Germán.

Cita evidencias Escribe pistas que demuestren por qué Germán y el caballito hacen un pacto.

Página	Evidencias del texto

Escribe Germán, los campesinos y los caballitos ______________

____

____

____

Evaluar información

¿Crees que es importante hacer pactos con otras personas? Piensa en tu propia experiencia. ¿Recuerdas alguna vez en que hiciste un pacto con alguien?

Tema

El tema de un cuento folclórico es el mensaje principal que el autor quiere transmitir al lector. Los autores suelen mostrar el tema de un cuento a partir de lo que hacen o lo que dicen los personajes, que es el diálogo.

BUSCAR EVIDENCIAS

El autor usa las palabras del caballito en la página 63 para mostrar cómo el caballito quiere ayudar. El diálogo muestra el tema de cómo los amigos deben ayudarse.

Puedes depender de mí.

COLABORA

Tu turno Comenta lo que dice Germán en el último párrafo de la página 63 de la **Antología de literatura**. ¿De qué forma el autor usa las palabras de Germán para mostrar que los amigos deben ayudarse?

____

____

____

____

Acuérdate

El narrador de "El caballito de los siete colores" no expresa el tema. El tema lo expresa el autor, que muestra por medio de lo que hacen y dicen los personajes que trabajar juntos es importante.

Integrar HACER CONEXIONES

¿Qué aprendiste sobre las maneras en que las personas dependen las unas de las otras?

COLABORA

Coméntalo Piensa en las selecciones que leíste. Mira la pintura. Habla sobre lo que están haciendo las niñas. Comenta las diferentes maneras en que una puede depender de la otra.

Cita evidencias Encierra en un círculo las claves de la pintura y la leyenda que indican lo que están haciendo las niñas juntas.

Escribe Los textos que leí y esta pintura muestran

Acuérdate

Completa estas oraciones para describir lo que están haciendo las niñas y cómo se sienten:

Las niñas están...

Las niñas se ven...

Probablemente, se ayudan para...

El título de esta pintura en español es *El baile de las niñas bretonas,* de Paul Gaugin.

ESTUDIOS SOCIALES

Presentar el trabajo

COLABORA

Planea con tu grupo cómo presentarán a la clase la lista "Dependemos de nuestros amigos". Después de todas las presentaciones de la clase, comenten las oraciones de abajo antes de completarlas con sus respuestas.

Dependemos de nuestros amigos

Jenny: Marco me trajo la tarea cuando estuve enferma.

Nico: Luis me hizo una tarjeta por mi cumpleaños.

Victoria: José me ayudó cuando me tropecé.

Me gustó aprender sobre

____

____

____

Creo que un buen amigo es alguien que ______________

____

____

____

____

Acuérdate

Practiquen su presentación. Luego, comenten lo que les gustó y lo que podría mejorar. Practicar también les dará más confianza al hacer su presentación.

Comprobar la presentación

- ☐ Muestra tu lista de manera que todos puedan verla.
- ☐ Habla con claridad.
- ☐ Señala la parte de la lista que estás presentando.

Coméntalo

¿? Pregunta esencial

¿Qué ocurre cuando las familias trabajan juntas?

COLABORA

Las personas de esta familia trabajan juntas para hacer un postre. ¡Se pueden hacer las tareas trabajando juntos y que sea muy divertido! Las familias trabajan juntas de muchas formas diferentes.

Habla sobre lo que ocurre en la foto. Comenta cómo trabajan juntas las personas de tu familia. Escribe tus ideas en la red.

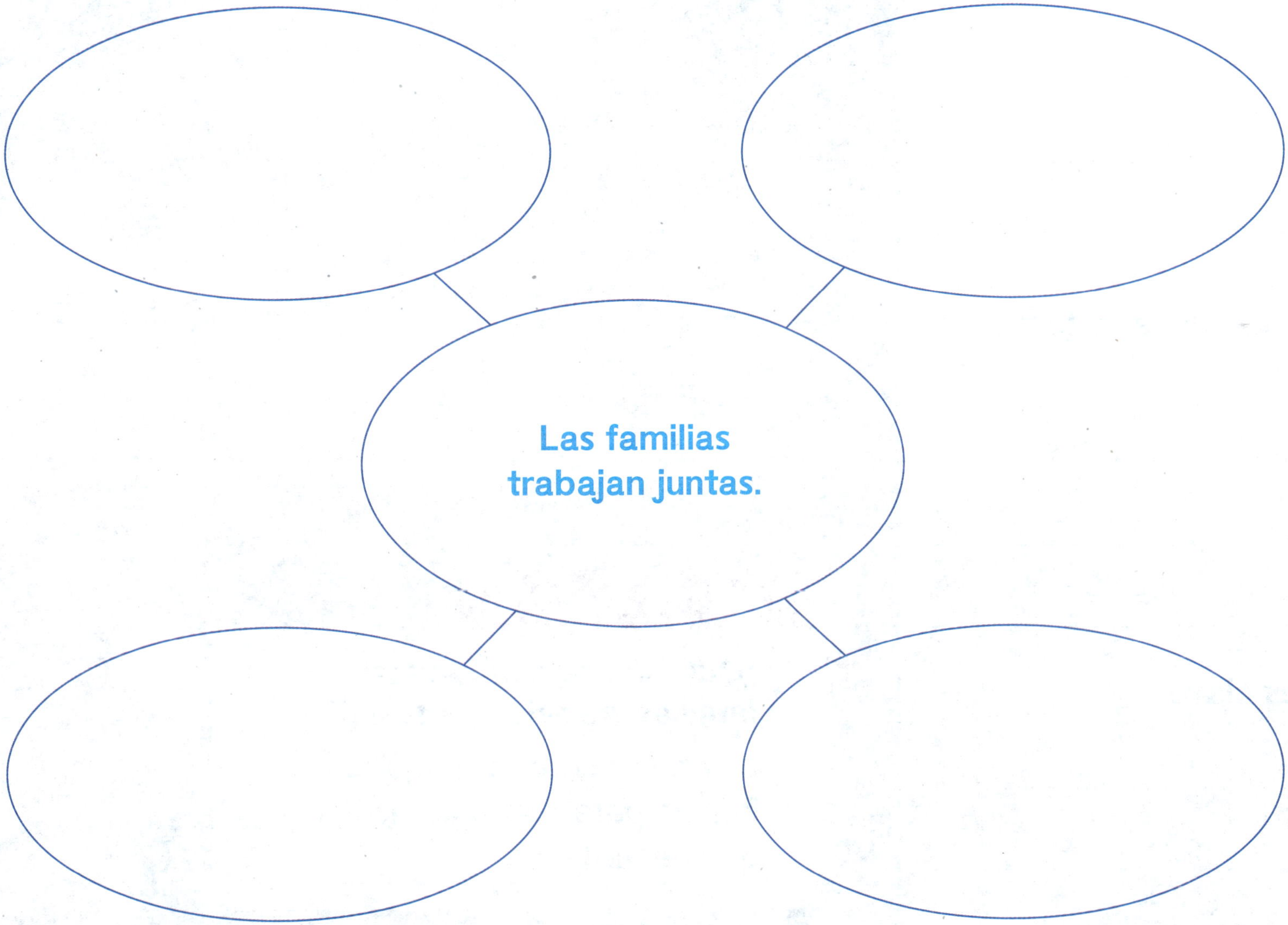

LECTURA COMPARTIDA

TOMA NOTAS

Saber para qué lees un texto puede ayudarte a prestar atención a los detalles clave. Escribe un propósito para la lectura.

____

____

____

A medida que leas, toma nota de:

Palabras interesantes ______

____

____

Detalles clave ______

____

____

TIME FOR KIDS

Comstock/Stockbyte/Getty Images

Pregunta esencial

¿Qué ocurre cuando las familias trabajan juntas?

Lee sobre cómo trabaja una familia para conseguir lo que necesita.

¡Trabajo de familia!

¡Ellen Yung estuvo muy ocupada! Enyesó un brazo roto. Cubrió un corte con una venda y ayudó a veinte pacientes. Ellen es pediatra, una doctora de niños. Los niños pueden enfermar en cualquier momento. Por eso los pediatras trabajan mucho. Es un **trabajo** difícil.

El marido de Ellen, Steve, también trabaja muchas horas. Él es bombero. En el cuartel de bomberos, se asegura de que las **herramientas** estén listas. **Revisa** las mangueras y los camiones. En los incendios, todos los bomberos trabajan juntos para apagar el fuego.

Si suena la alarma, Steve se pone el equipo rápidamente.

PBNJ Productions/Blend Images

TEXTO EXPOSITIVO

BUSCAR EVIDENCIAS

Leer

Párrafo 1

Detalles clave

Subraya detalles que indiquen por qué Ellen estuvo muy ocupada. ¿Por qué los pediatras como Ellen trabajan mucho?

Párrafo 2

Sinónimos

Encierra en un círculo la palabra *incendios*. Luego, **encierra en un círculo** una palabra que tenga un significado similar.

Releer

Técnica del autor

¿Cómo compara el autor los trabajos de Ellen y Steve?

LECTURA COMPARTIDA

BUSCAR EVIDENCIAS

Leer

Párrafo 1

Hacer y responder preguntas

Haz una pregunta sobre cómo dos miembros de la familia trabajan juntos.

____

____

Subraya evidencia del texto que te ayude a responderla.

Párrafo 2

Detalles clave

Encierra en un círculo detalles sobre por qué se deciden por la lavadora.

Releer

Técnica del autor

¿Cómo te ayuda el autor a entender cómo una familia decide gastar el dinero?

TIME FOR KIDS

Los miembros de la familia Yung también trabajan juntos en casa. Hanna pone la mesa para cenar. Además, ayuda a lavar los platos. Todos tienen **quehaceres** semanales. Hanna y su mamá quitan el polvo y limpian los pisos. El papá y Zac, su hermano, lavan y secan la ropa. La mamá hace una lista para las compras todas las semanas. Son **clientes** de un gran supermercado.

Zac quería una computadora portátil nueva. La familia necesitaba una lavadora nueva. Solo podían **gastar** dinero en una de las dos cosas. Ambas **costaban** lo mismo. Tuvieron que **elegir**. Se necesita ropa limpia. Una computadora nueva es algo lindo. Pero ¿Zac realmente necesitaba tenerla? Ellen y Steve pensaron en las necesidades de su familia. Decidieron comprar la lavadora.

El hermano de Hanna, Zac, ayuda con la comida.

Diferencia necesidades y deseos

Necesidades	Deseos
Agua	Patineta
Alimento	Videojuego
Vivienda	Pelota de baloncesto
Ropa	

Zac sabe que sus padres trabajan mucho. Llevan dinero a casa para poder pagar sus necesidades y sus deseos. Necesitaban la lavadora. Zac aún quiere una computadora. La familia decidió ahorrar un poco de dinero todas las semanas para poder comprarla en el futuro.

Resume

Consulta tus notas para resumir oralmente los detalles clave de "¡Trabajo de familia!".

BUSCAR EVIDENCIAS

Leer

Tabla

Encierra en un cuadrado el título de la tabla. **Encierra en un círculo** el título de cada columna.

Párrafo 1

Detalles clave

¿Qué comprará la familia en el futuro?

____

____

Subraya evidencia en el texto que explique cómo lo harán.

Releer

Técnica del autor

¿Por qué el autor incluye dos fotos junto a la tabla?

Releer | LECTURA COMPARTIDA

Vocabulario

A partir de las oraciones, conversa con un compañero acerca de cada palabra. Luego, responde las preguntas.

cliente
Los **clientes** compraron limonada.

¿Qué compran los clientes de una panadería?

____

____

costar
Quiero saber cuánto **cuesta** una camisa.

¿Qué regalo no cuesta mucho dinero?

____

____

elegir
Julián **elegirá** una camisa.

¿Qué animal elegirías como mascota?

____

____

gastar
William **gastó** su dinero en la merienda.

¿En qué dos cosas gasta su dinero una familia?

____

____

herramienta
Usé **herramientas** para reparar el grifo.

¿Qué herramientas se necesitan para construir una casa de pájaros?

____

____

Tu lista de palabras **Encierra en un cuadrado** la palabra *ahorrar* en la página 67. Usa una red de palabras para escribir más formas de la palabra en tu cuaderno de escritura. Usa un diccionario como ayuda.

quehaceres

Laura debe terminar rápido sus **quehaceres**.

¿Qué palabra tiene el mismo significado que *quehaceres*?

____

____

revisar

Mamá **revisa** las ruedas del carro antes del viaje.

¿Quién revisa tu tarea en la escuela?

____

____

trabajo

En un hospital, ser enfermera y ser médico son dos **trabajos** distintos.

Nombra dos trabajos que se realizan en una escuela.

____

____

Sinónimos

Los sinónimos son palabras que tienen el mismo significado. *Chico* y *pequeño* son sinónimos.

BUSCAR EVIDENCIAS

En la página 66 leo que Hanna ayuda a lavar la ropa. Más adelante, veo que ella y su mamá limpian los pisos. Lavar *y* limpiar *son sinónimos porque las dos palabras significan "quitar la suciedad".*

Además, ayuda a lavar los platos. Todos tienen quehaceres semanales. Hanna y su mamá quitan el polvo y limpian los pisos.

Tu turno Busca en un diccionario impreso o digital un sinónimo para cada una de las siguientes palabras y escríbelas.

marido, página 65 ______________________

ahorrar, página 67 ______________________

Releer | LECTURA COMPARTIDA

Hacer y responder preguntas

Hacerte preguntas mientras lees te ayuda a pensar sobre partes del texto que quizá no notaste o no comprendiste.

BUSCAR EVIDENCIAS

Mientras leo la página 66 de "¡Trabajo de familia!" me pregunto: "¿Por qué la familia decidió comprar una lavadora en lugar de una computadora?".

Página 66

> Zac quería una computadora portátil nueva. La familia necesitaba una lavadora nueva. Solo podían gastar dinero en una de las dos cosas. Ambas costaban lo mismo. Tuvieron que elegir.

Cuando vuelvo a leer para responder mi pregunta, entiendo que la familia no tenía dinero para comprar las dos cosas. La familia tuvo que elegir.

COLABORA

Tu turno Piensa una pregunta que puedes hacer sobre la selección. Vuelve a leer las partes del texto que te ayuden a responder esa pregunta.

____

____

Tablas

"¡Trabajo de familia!" es un texto expositivo. Los textos expositivos dan información sobre un tema. Pueden tener elementos del texto, como fotografías y tablas.

De lectores a escritores

Cuando escribes textos expositivos, piensa de qué manera puedes incluir datos en una tabla. Pon título a tu tabla. Añade subtítulos que describan los datos en cada columna.

BUSCAR EVIDENCIAS

Sé que "¡Trabajo de familia!" es un texto expositivo porque informa cómo la familia trabaja junta para conseguir lo que necesita. También tiene elementos del texto, como una tabla.

Página 67

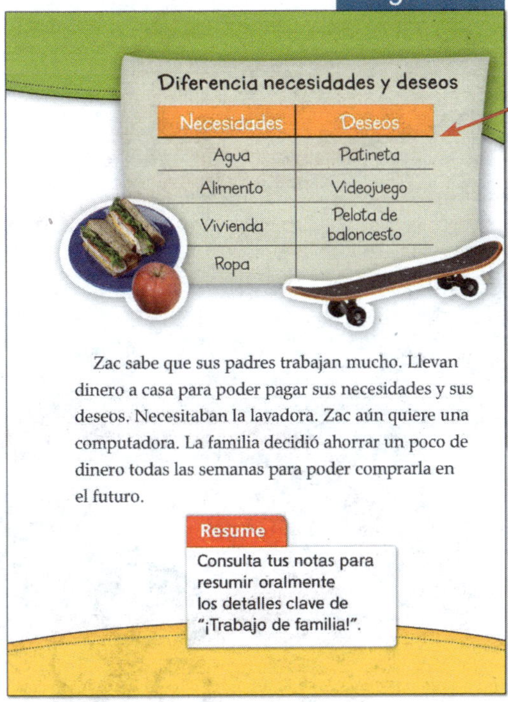

Diferencia necesidades y deseos

Necesidades	Deseos
Agua	Patineta
Alimento	Videojuego
Vivienda	Pelota de baloncesto
Ropa	

Zac sabe que sus padres trabajan mucho. Llevan dinero a casa para poder pagar sus necesidades y sus deseos. Necesitaban la lavadora. Zac aún quiere una computadora. La familia decidió ahorrar un poco de dinero todas las semanas para poder comprarla en el futuro.

Resume

Consulta tus notas para resumir oralmente los detalles clave de "¡Trabajo de familia!".

Tabla

Una tabla muestra información de manera organizada y fácil de ver. Los datos pueden estár organizados en filas y columnas.

COLABORA

Tu turno ¿Cómo muestra el autor la información en la tabla?

____

____

____

Releer | LECTURA COMPARTIDA

Detalles clave

Los detalles clave son la información más importante de un texto. En una selección, los detalles clave se encuentran en el texto y en las fotografías.

Acuérdate

Vuelve a leer la información para decidir qué es lo más importante. Así podrás determinar cuál es un detalle clave del texto.

BUSCAR EVIDENCIAS

Cuando leo las páginas 64 y 65 y observo las fotografías de "¡Trabajo de familia!" entiendo que Ellen Yung es pediatra. Su marido, Steve, es bombero. Los dos trabajan fuera de su casa.

Detalle
(Página 65)

Ellen es pediatra y Steve es bombero.

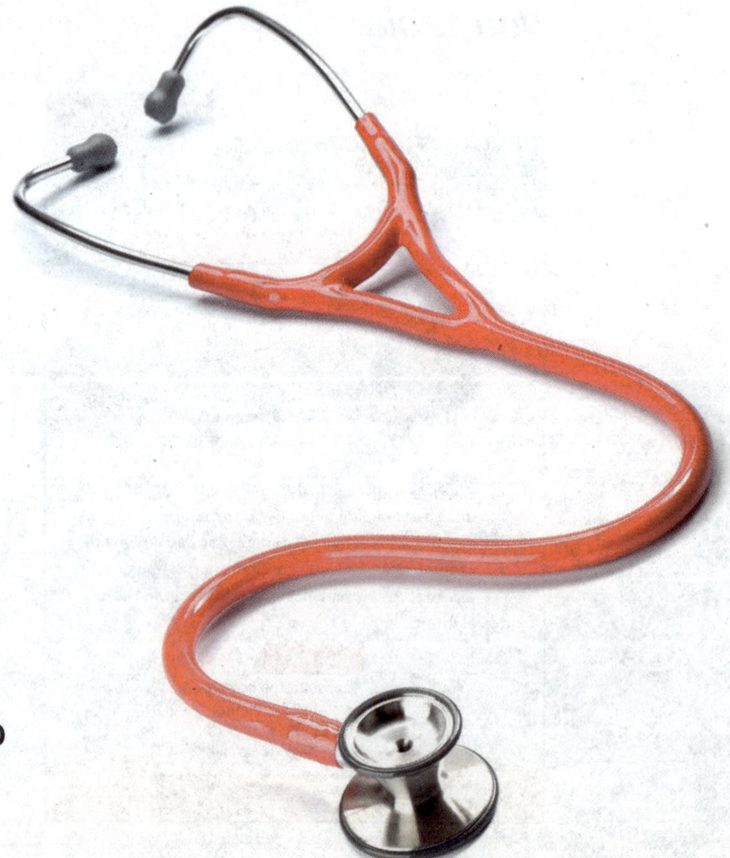

COLABORA

Tu turno Continúa leyendo "¡Trabajo de familia!". Completa el organizador gráfico con los detalles clave.

Detalle	Detalle	Detalle
(Página 65) Ellen es pediatra y Steve es bombero.		

PBNJ Productions/Blend Images

Releer | LECTURA COMPARTIDA

Responder a la lectura

COLABORA

Comenta la siguiente pregunta. Piensa en la manera en que el autor presenta los detalles y la información importante. Consulta tus notas y el organizador gráfico.

¿Cómo muestra el autor la manera en que las familias trabajan juntas y eligen cómo gastar el dinero?

Acuérdate

Completa estas oraciones para organizar la evidencia del texto.

El autor explica que Ellen y Steve...

La familia trabaja junta...

La familia decide comprar algo...

El autor muestra...

Enlace gramatical

Cuando enumeras tres o más cosas, coloca una coma luego de cada palabra, salvo entre la anteúltima y la última. *Necesitan agua, alimento, refugio y ropa.*

ESTUDIOS SOCIALES

Entrevista

Puedes averiguar información haciéndole preguntas a una persona en una **entrevista**. Por ejemplo, si quieres saber en qué gasta el dinero una persona, puedes preguntarle: *¿Qué te gusta comprar?*

¿Qué otras preguntas podrías hacerle?

Acuérdate

Cuenta lo que hace la persona en su trabajo. Explica lo que te parece interesante de ese trabajo.

Cuando haces una entrevista, toma nota de las respuestas.

COLABORA

Hoja de descripción de un trabajo Con un compañero, entrevista a alguien que tenga un trabajo interesante. Luego, escribe una hoja de descripción del trabajo que incluya dibujos o fotografías. Escribe leyendas que describan las imágenes.

Elijan a la persona que entrevistarán:

Comenten las preguntas que le pueden hacer sobre su trabajo.

Yunus Arakon/Getty Images

Releer | TEXTO PRINCIPAL

Antología de literatura, páginas 64–67

Las familias trabajan juntas

¿Cómo te ayuda el autor a entender lo que Mary y su mamá hacen los martes?

COLABORA

Coméntalo Vuelve a leer la página 65. ¿Por qué piensas que el autor comienza la selección con la hora?

Cita evidencias Responde las preguntas sobre el viaje de Mary y su mamá con detalles del texto.

¿Adónde van?	¿Qué hacen?	¿Qué dice Mary?

Escribe El autor me ayuda a entender lo que Mary y su mamá hacen los martes ______________________

____

¿Cómo te ayudan los elementos del texto a entender qué son los consumidores?

COLABORA

Coméntalo Observa los elementos del texto en las páginas 66 y 67. Conversa con un compañero sobre qué dicen el recuadro amarillo y las fotos de los consumidores.

Cita evidencias Escribe tres maneras en las que los elementos del texto te ayudan a entender qué son los consumidores.

Recuadro	Tabla	Fotografías

Escribe Los elementos del texto me ayudan a entender qué son los consumidores porque ______________________

____

____

Acuérdate

Completa estas oraciones para hablar acerca del texto.

El texto del recuadro explica...

La tabla muestra...

Las fotos y leyendas...

Evaluar información

¿Qué hace la familia Gelder para ganar dinero con la fruta que no venden?

Releer | TEXTO EXPOSITIVO

ESTUDIOS SOCIALES

Responder a la lectura

COLABORA

Comenta la siguiente instrucción. Asegúrate de usar la evidencia en el texto y los elementos del texto para responder la pregunta.

¿De qué manera organiza la información el autor para mostrar cómo una granja familiar produce alimentos para los consumidores?

____

____

____

____

____

____

____

____

Acuérdate

Completa estas oraciones para organizar la evidencia del texto.

El autor explica...

El autor incluye...

Los elementos del texto muestran...

Mis lecturas

Elige un libro. Escribe en tu cuaderno de escritura el título, el nombre del autor y el género del libro. A medida que leas, haz conexiones con las ideas de otros textos que hayas leído o con tus propias experiencias. Escribe tus ideas en tu cuaderno de escritura.

Releer | LECTURA COMPLEMENTARIA

¿Por qué trabajamos?

Mira a tu alrededor. Las cosas que ves fueron producidas, o fabricadas, por una persona en el trabajo. Estas cosas se llaman bienes.

Algunas personas prestan u ofrecen servicios. Los servicios son actividades que realizan las personas.

Antología de literatura, páginas 68–69

Vuelve a leer la página. En el párrafo 1, **subraya** una oración que te sirva para entender el significado de *bienes*. En el párrafo 2, **encierra en un círculo** la oración que indique el significado de *servicios*.

¿Las personas de la fotografía producen bienes o prestan un servicio? Explica tu respuesta.

____

____

____

COLABORA

Comenta con un compañero cómo compara el autor los trabajos que hacen las personas. Usa vocabulario de la lectura en tus oraciones.

Estas personas prestan servicios que nos mantienen sanos y protegidos.

Los maestros y los camareros prestan servicios. Un maestro ayuda a los estudiantes a aprender. Un camarero lleva la comida a tu mesa.

Cuando fabrican bienes o prestan servicios, las personas ganan dinero. Así, pueden comprar los bienes y servicios que necesitan y cuestan dinero. Quien compra cosas es un consumidor.

En las fábricas, las personas producen bienes, como los automóviles.

Vuelve a leer el párrafo 1. **Encierra en un círculo** los ejemplos de trabajos que prestan servicios. **Encierra en un cuadrado** los detalles que describen esos servicios.

Vuelve a leer el párrafo 2. **Subraya** los detalles que indican lo que los trabajadores pueden hacer con su dinero. ¿Por qué los trabajadores son también consumidores?

COLABORA

Comenta con un compañero por qué el autor describe los trabajos antes de explicar que los trabajadores también son consumidores.

Fotos y leyendas

Los autores pueden incluir fotos que te sirvan para entender el texto. Las leyendas son las palabras que describen las fotos. No todas las fotos en un texto expositivo tienen leyendas.

Acuérdate

Cuando mires fotografías y leas las leyendas, piensa en los detalles del texto que el autor quiere mostrar.

BUSCAR EVIDENCIAS

Vuelve a leer la página 79. Luego, mira la fotografía. Piensa en lo que el autor quiere mostrar con la fotografía. ¿Qué bienes producen las personas de la fotografía?

COLABORA

Tu turno Mira las fotografías y vuelve a leer las leyendas de la página 80. ¿Cómo usa el autor las fotografías para ayudarte a entender el texto?

Integrar HACER CONEXIONES

¿Qué aprendiste en las selecciones que leíste y en la fotografía de abajo sobre las familias que trabajan juntas?

COLABORA

Coméntalo Mira la fotografía y lee la leyenda. Comenta qué hace la familia.

Cita evidencias **Encierra en un círculo** detalles en la foto y la leyenda que muestren cómo se siente la familia cuando trabaja junta.

Escribe Las selecciones que leí y esta fotografía me sirven para entender que las

familias ______________________________

____

____

____

____

____

____

Acuérdate

Completa estas oraciones para describir lo que ves en la fotografía.

La familia está...

Cada miembro de la familia está...

La familia parece...

A esta familia le gusta lavar el auto en un día soleado.

Fraseo y precisión

El fraseo consiste en leer grupos de palabras juntas para que suenen como si se estuviera hablando. Leer con precisión es leer sin cometer errores. Algunos textos con palabras e ideas complejas pueden requerir varias lecturas para poder leerse con precisión y un fraseo correcto.

Página 66

> Zac quería una computadora portátil nueva. La familia necesitaba una lavadora nueva. Solo podían gastar dinero en una de las dos cosas. Ambas costaban lo mismo. Tuvieron que elegir.

Mientras lees, pregúntate: ¿Suena bien? ¿Tiene sentido?

COLABORA

Tu turno Túrnate con un compañero para leer la página 65. Si no conoces una palabra, prueba a leerla. Pregunta si la leíste bien y si tiene sentido. En caso de duda, consulta cómo se pronuncia en un diccionario en línea. Luego, vuelvan a leer la página, poniendo atención al fraseo y a leer correctamente. Completa estas oraciones.

Pude ______________________________

La próxima vez, ______________________________

Acuérdate

Mientras lees, encierra en un círculo las palabras que no conoces o no entiendes. Busca pistas en el texto y las ilustraciones sobre su significado.

tecnoNOTAS

Algunos diccionarios en línea te permiten escuchar cómo se pronuncia una palabra. Puedes consultar uno de estos diccionarios si tienes dudas sobre la pronunciación de una palabra desconocida.

Texto modelo

Antología de literatura, páginas 64–67

Características del ensayo expositivo

Un ensayo expositivo es un tipo de texto expositivo.

- Brinda datos sobre el tema.
- Tiene una conclusión.

gramatiNOTAS

El autor agrega los nombres de los miembros de la familia. Los nombres sirven para que el lector entienda lo que hace cada uno y cómo trabajan juntos.

Analiza el texto modelo Analizar "Las familias trabajan juntas" te ayudará a aprender a escribir un ensayo expositivo. Vuelve a leer la página 65. Responde las preguntas.

¿Por qué el autor comienza el texto con una pregunta?

____

____

¿De qué manera el autor muestra cómo se siente Mary al vender la comida que produce su familia?

____

____

Planificar: Lluvia de ideas

Genera ideas Escribirás un ensayo expositivo sobre una persona que ayuda o trabaja para tu comunidad. Usa este espacio para organizar tus ideas. Haz una lluvia de ideas sobre trabajadores que te interesen. Escribe palabras o haz dibujos sobre ellas.

Acuérdate

Piensa en las personas que ves trabajando en tu comunidad. Elige a personas que trabajen ayudando a los demás.

Kali Nine LLC/iStockphoto/Getty Images

Planificar: Elige un tema

COLABORA

Instrucciones Escribe un ensayo expositivo que explique lo que hace un trabajador de tu comunidad. Completa estas oraciones como punto de partida.

El trabajador que elegí es ______________________________

Creo que este trabajo es importante porque ______________

____

Voy a buscar información sobre este trabajo en __________

____

Acuérdate

Entre tu público puede haber lectores que no saben mucho sobre tu tema. Piensa cómo compartir la información de manera clara e interesante.

Propósito y público Los autores escriben para informar sobre sus comunidades. Piensa en por qué elegiste tu tema. Luego explica tu propósito para escribir en tu cuaderno de escritura.

Recursos digitales

Para aprender cómo identificar tu propósito y tu público, mira "Propósito y público: texto informativo". Entra en **my.mheducation.com**.

Planificar: Investigar

Desarrollar preguntas Los autores pueden escribir preguntas que quieren responder en un ensayo expositivo. Lee las preguntas de un autor en la red de abajo. Escribe dos preguntas más sobre el trabajo de un bombero.

Acuérdate

Incluye palabras como *quién, qué, dónde, cuándo, por qué* y *cómo* para escribir preguntas sobre el trabajador de la comunidad.

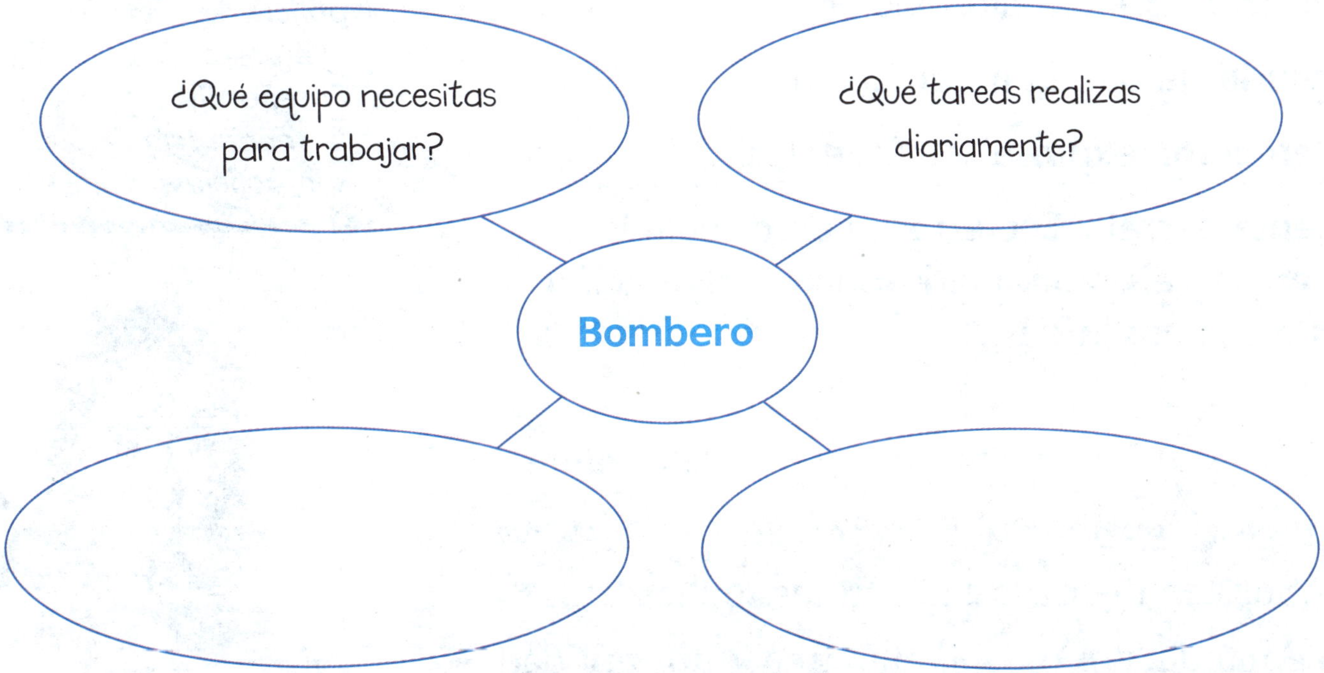

Planificar En tu cuaderno de escritura, haz una red como la de arriba para tu tema. Escribe preguntas que quieras responder en tu ensayo.

Hacer un borrador

Tipos de oraciones y longitud de oraciones Los escritores usan oraciones largas y cortas para que su texto sea interesante y fácil de leer. También usan distintos tipos de oraciones para agregar interés.

- Una **afirmación** brinda información.
- Una **pregunta** demanda información.
- Una **exclamación** expresa sentimientos.

Lee el siguiente párrafo. **Encierra en un círculo** la pregunta y **encierra en un cuadrado** la exclamación. **Subraya** las oraciones largas.

> La familia se despierta temprano y trabaja durante muchas horas. ¿Qué alimentos venden? Venden frutas y verduras. ¡Son tan deliciosas! Las fresas son las frutas con más demanda, por eso, plantan una gran cantidad.

Haz un borrador Consulta la información que reuniste para escribir tu borrador. Incluye distintos tipos de oraciones. Intenta escribir oraciones largas y cortas.

Enlace gramatical

Cuando dos oraciones tienen los mismos predicados, puedes combinar los sujetos con la conjunción *y*.

El señor Ryan es policía. La señora Ryan es policía.
El señor Ryan y la señora Ryan son policías.

Thomas Barwick/Digital Vision/Getty Images

Revisar

Detalles Los autores incluyen detalles, como datos, que ayudan a los lectores a entender las ideas. Lee el siguiente texto sobre el trabajo de Steve Yung como bombero. Revisa el texto y agrega detalles de la página 65 que cuenten más cosas sobre su trabajo.

Steve es bombero. Trabaja en el cuartel de bomberos. Su trabajo es rescatar a las personas y apagar el fuego.

Revisar Es el momento de revisar tu borrador. Asegúrate de incluir detalles que ayuden a los lectores a entender lo que hace la persona y por qué su trabajo es importante para la comunidad.

Acuérdate

El autor de "¡Trabajo de familia!" dice "Ellen Yung estuvo muy ocupada". Luego, el autor añade detalles específicos que cuentan más acerca de su día: "Enyesó un brazo roto... y ayudó a veinte pacientes".

Enlace gramatical

Cuando dos oraciones tienen el mismo sujeto, puedes combinar los predicados con la palabra *y*.

Ellen estuvo muy ocupada. Ella atendió a veinte pacientes.

*Ellen estuvo muy ocupada **y** atendió a veinte pacientes.*

Revisar: Charlas entre compañeros

COLABORA

Revisión del borrador Escucha con atención mientras tu compañero lee su texto en voz alta. Comenta lo que te gustó del borrador. Haz sugerencias que ayuden a mejorar su texto.

Sugerencias de compañeros Escribe una de las sugerencias de tu compañero que aplicarás en la revisión de tu texto.

A partir de la sugerencia de mi compañero, voy a ______

____

____

Luego, comenten su charla entre compañeros. ¿Fue útil? ¿Qué podrían hacer de otra manera la próxima vez?

____

____

Revisión Consulta la lista de verificación de Comprobar la revisión para pensar qué partes debes modificar, añadir o eliminar. Recuerda consultar las pautas de calificación de la página 93 como ayuda.

Acuérdate

Completa estas oraciones para comentar el trabajo de tu compañero.

Los detalles de tu borrador me ayudaron a entender...

Puedes añadir más...

¿Podrías decirme cómo...?

Comprobar la revisión

- ☐ ¿Di datos sobre el trabajador en mi ensayo?
- ☐ ¿Responde mis preguntas sobre el trabajo?
- ☐ ¿Escribí una conclusión?
- ☐ ¿Tiene distintos tipos de oraciones y oraciones cortas y largas?

Corregir

Al **corregir** tu texto, buscas errores y los enmiendas. Si lees un borrador varias veces, estarás seguro de no pasar por alto ningún error. Consulta la lista de verificación de Comprobar la corrección al revisar tus oraciones.

Comprobar la corrección

- ☐ ¿Empiezan todas las oraciones con mayúscula y terminan con un signo de puntuación?
- ☐ ¿Están todas las palabras escritas correctamente?
- ☐ ¿Se usan las comas correctamente?
- ☐ ¿Están completas todas las oraciones?
- ☐ ¿Se usa correctamente la conjunción *y* para combinar oraciones?

Escribe dos errores que hayas encontrado al corregir tu texto.

1. ______________________________

____

2. ______________________________

____

tecnoNOTAS

Si escribes tu ensayo en una computadora, usa la tecla "tab" para agregar una sangría al principio de cada párrafo.

Enlace gramatical

Recuerda usar comillas cuando incluyas en tu ensayo frases textuales de otras personas, por ejemplo: "Ser pediatra es muy difícil", dijo Ellen.

Publicar, presentar y evaluar

Publicación Haz una copia final limpia y sin errores de tu ensayo expositivo. Mientras escribes tu borrador, asegúrate de que tu letra sea prolija y legible. Puedes agregar ilustraciones u otros elementos visuales para hacer más interesante tu trabajo publicado.

Presentación Cuando estés listo para presentar tu trabajo, ensaya la presentación. Consulta la lista de verificación de Comprobar la presentación.

Evaluación Después de publicar y presentar tu ensayo, lee las pautas de calificación para evaluarlo.

1. ¿Qué te quedó bien en tu ensayo? ______________________

____

____

2. ¿Qué partes requieren más trabajo? ______________________

____

____

Comprobar la presentación

- ☐ Siéntate o párate erguido.
- ☐ Mira al público.
- ☐ Habla lentamente y con claridad.
- ☐ Habla a un volumen lo suficientemente alto como para que todos te escuchen.
- ☐ Responde las preguntas con detalles de tu ensayo.

Escuchar Al escuchar activamente, prestas atención a lo que oyes. Cuando escuches las presentaciones de otros estudiantes, toma notas que te ayuden a comprender sus ideas.

De la presentación de ....

aprendí: ____

Preguntas que tengo acerca de la presentación de

....:

____

____

Saber escuchar

- ☐ Mira a la persona que habla.
- ☐ Muestra que estás atento con lenguaje corporal.
- ☐ Identifica detalles importantes para el tema.
- ☐ Identifica qué cosas hace bien el hablante.
- ☐ Piensa en preguntas que puedas hacer.

4	3	2	1
• Incluye datos específicos sobre un trabajador de la comunidad. • Hay variación en la longitud y el tipo de oraciones. • Tiene una conclusión que cierra el ensayo. • Está libre o casi libre de errores.	• Incluye información sobre un trabajador de la comunidad. • Hay variación en la longitud de las oraciones. • Tiene una conclusión sobre el tema del ensayo. • Tiene algunos errores.	• Incluye información que no se relaciona con el tema. • La mayoría de las oraciones tienen la misma longitud. • No tiene una conclusión clara. • Los errores distraen la atención del significado del texto.	• La mayoría de la información no está basada en datos de fuentes. • Las oraciones tienen la misma longitud. • No tiene una conclusión. • Hay muchos errores y hacen que el texto sea difícil de comprender.

LO QUE APRENDISTE

Repaso en espiral

En la Unidad 1, aprendiste nuevas destrezas y estrategias que te ayudarán a leer y comprender textos. Es hora de practicar lo que aprendiste.

- **Terminaciones de palabras**
- **Sinónimos**
- **Detalles clave**
- **Personaje, ambiente, sucesos**
- **Principio, desarrollo, final**
- **Tabla**

Conectar con el contenido

- **Reseña de un cuento folclórico**
- **Responder a la Lectura en voz alta**
- **Tabla sobre la tecnología**

Lee la selección y elige la mejor respuesta a cada pregunta.

LOS HÉROES DE LA COMUNIDAD

1 Muchos bomberos trabajan sin cobrar un salario. Son voluntarios. Es probable que tengan otros trabajos para ganar dinero. Su trabajo como bomberos es un regalo a su comunidad.

2 Los bomberos voluntarios trabajan mucho para proteger la ciudad. Tienen muchas horas de entrenamiento. Los llaman para ayudar a las personas a cualquier hora del día. Algunos tienen solo dieciocho años. Otros tienen hasta ochenta años.

3 Los voluntarios enfrentan los mismos peligros que el resto de los bomberos. No solo apagan incendios: ayudan en accidentes de tránsito, ayudan a las personas atrapadas en inundaciones y también a las personas que se enferman o se lastiman en la casa.

LAMB/Alamy Stock Photo

4 Estos ayudantes especiales forman un equipo. Una persona conduce el camión. Otras preparan la escalera. Algunas sostienen la manguera que echa agua al fuego. Se protegen entre todos. Un equipo es como una familia. En algunas estaciones de bomberos incluso hay perros.

5 A los bomberos voluntarios les gusta ayudar a sus vecinos. Y ellos también reciben ayuda de su comunidad. Las personas les dan dinero para comprar camiones y herramientas. Les llevan comida a la estación. Les agradecen por su trabajo. Así, los bomberos y los miembros de la comunidad trabajan juntos para protegerla.

Los voluntarios ayudan así:	Las comunidades ayudan así:
Apagan incendios.	Dan dinero para comprar camiones y herramientas.
Ayudan en accidentes.	Llevan comida a la estación.
Ayudan en inundaciones.	Les agradecen por su trabajo.

LO QUE APRENDISTE

1. ¿Por qué es un regalo el trabajo de los bomberos voluntarios?
   A Los bomberos tienen otros trabajos.
   B Los bomberos trabajan sin cobrar un salario.
   C Los bomberos ayudan cuando se prenden fuego las casas.
   D Los bomberos enfrentan muchos tipos de peligro.

2. El párrafo 3 es una parte importante del texto porque...
   F dice que un equipo de bomberos se parece a una familia.
   G muestra que los bomberos no solo apagan incendios.
   H da detalles sobre el entrenamiento de los bomberos.
   J explica cómo ayudan los bomberos en las inundaciones.

3. ¿Qué palabra del párrafo 4 significa lo mismo que <u>voluntarios</u>?
   A ayudantes
   B otros
   C equipo
   D familia

4. La tabla ayuda a los lectores a comprender...
   F por qué algunas personas son voluntarios en su comunidad.
   G quién puede convertirse en bombero voluntario.
   H por qué las comunidades no pueden pagar a los bomberos.
   J cómo se ayudan los voluntarios y su comunidad.

Acuérdate

Busca detalles importantes que den información sobre la idea principal. Hazte preguntas con *quién, qué, dónde, cuándo, por qué* y *cómo.* Las respuestas te ayudan a reconocer detalles clave.

Lee la selección para responder correctamente las preguntas.

El insomnio del perezoso

1 Era de noche. La luna llena iluminaba el bosque. Ya todos los animales se habían acomodado en sus nidos y madrigueras. Pronto todos dormirían... ¿Todos? No. Alguien estaba despierto. Era el Oso Pérez, que sufría de insomnio. "¿Un perezoso con insomnio? ¡Es imposible!", comentaban los animales.

2 Pero era cierto. Durante las noches, el Oso Pérez paseaba entre las malezas; se columpiaba de rama en rama; se daba un chapuzón en el arroyo o silbaba canciones de moda. "¡Silencio!, estamos descansando", se quejaban los monos. "Pérez, es hora de dormir", susurraban las orugas.

3 El Oso estaba preocupado. No quería molestar a sus amigos, pero... ¿qué podía hacer si no tenía sueño?

4 Un día, desvelados, los animales del bosque se reunieron para buscar una solución.

5 "Nosotras le daremos un tazón de miel. Eso lo ayudará a dormir", dijeron las abejas. "Nosotras le tejeremos una cama suave y cómoda. Eso lo ayudará a dormir", dijeron las arañas. "Nosotros le cantaremos una canción de cuna. Eso lo ayudará a dormir", dijeron los grillos.

6 Pero nada de eso funcionó. El oso seguía sin poder dormir. Entonces, se oyó una vocecita. "Yo tengo la solución. Le contaré un cuento", dijo un pequeño ratón.

7 Esa noche, cuando las primeras estrellas comenzaron a brillar, el Oso Pérez se tendió en su cama de telaraña y se tomó la tibia miel arrullado por el rumor de los grillos. Cerró los ojos. Escuchó entonces la voz del ratón, que le contó este cuento.

8 Y durmió toda la noche, feliz y tranquilo.

1 ¿Por qué estaba preocupado el Oso Pérez?

A porque los animales no lo dejaban dormir

B porque no quería molestar a sus amigos con su insomnio

C porque no sabía silbar

D porque no le gustaba dormir

2 En el párrafo 6, la palabra <u>vocecita</u> significa...

F una voz fuerte.

G muchas voces juntas.

H una voz baja y suave.

J que no se escucha ninguna voz.

3 Al final del cuento, ¿por qué se durmió el Oso Pérez?

A Los animales del bosque le pidieron que hiciera silencio.

B Las estrellas comenzaron a brillar.

C Las abejas, las arañas y los grillos lo ayudaron.

D Un ratoncito lo ayudó junto con otros animales.

Acuérdate

Cuando dudes sobre el significado de una palabra, divídela en partes. Por ejemplo, puedes dividir *telaraña* en *tela* y *araña* para entender su significado.

AMPLÍA LO QUE APRENDISTE

Enfoque en el género

COLABORA

Vuelve a leer el cuento *Lom y los nudones* en las páginas 36 a 61 de la **Antología de literatura**.

- ¿Por qué crees que la autora eligió usar animales para su cuento?

- ¿Cómo demuestra la ilustración de la página 45 que se trata de una fantasía?

Habla sobre sucesos de *Lom y los nudones* que no son posibles en la realidad. Luego, completa el organizador gráfico de la página 101 con detalles del principio, el desarrollo y el final del cuento que demuestran que es una fantasía.

Detalle	Detalle	Detalle

AMPLÍA LO QUE APRENDISTE

Sinónimos

COLABORA

Los sinónimos son palabras con significados parecidos. Puedes consultar un diccionario para averiguar si dos palabras son sinónimos.

Busca la definición de cada palabra que aparece debajo del banco de palabras. Luego, elige un sinónimo del banco de palabras. Escribe el sinónimo en el espacio.

revisar	retumbar	lejano	murmullo

susurro ______________________________

comprobar ______________________________

distante ______________________________

resonar ______________________________

Ordena alfabéticamente las palabras del banco de palabras en tu cuaderno de escritura. A veces deberás fijarte en la segunda o la tercera letra de la palabra.

Acuérdate

Para buscar una palabra en el diccionario, mira la primera letra de esa palabra. Piensa en qué parte del abecedario está esa letra (al principio, en el medio o al final). Luego, consulta esa parte del diccionario y busca la palabra.

Escribir una reseña

COLABORA

En la reseña de un libro el lector da su opinión sobre el libro. Con un compañero, busca una reseña de un libro en línea o impresa. Lee la reseña y completa esta información:

Título: ______________________________

Personajes principales: ______________________________

Sucesos principales: ______________________________

____

Opinión y razones: ______________________________

____

> **Acuérdate**
>
> En tu reseña, informa a los lectores sobre qué tipo de cuento es. ¿Es gracioso, interesante, triste o de terror? Escribe sobre los sucesos del cuento que demuestran qué tipo de cuento es.

Escribe la reseña de un cuento folclórico popular. Busca en la biblioteca o en línea. Toma notas a medida que leas.

- Nombra los personajes y cuenta los sucesos importantes.
- Da tu opinión. ¿Te gusta ese cuento folclórico?
- Respalda tu opinión con razones o ejemplos.
- Haz un dibujo de un suceso o personaje.
- Concluye con una oración final sobre el cuento folclórico.

Responder a la Lectura en voz alta

Los sucesos principales de un cuento son las cosas que pasan al principio, en el desarrollo y al final. Es importante seguir el orden de los sucesos para comprender a los personajes y lo que ocurre en el cuento.

Escucha "La niña nueva".

COLABORA

Describe los sucesos principales.

Escribe sobre los sucesos principales del principio, el desarrollo y el final del cuento.

Principio

↓

Desarrollo

↓

Final

Acuérdate

Presta atención a las palabras que indican el orden de los eventos del cuento, como *luego, después* y *entonces*.

Laura Gonzalez

Tabla sobre la tecnología

ESTUDIOS SOCIALES

Haz una tabla sobre un tipo de tecnología que usa tu familia para comunicarse, para viajar o para entretenerse. Explica cómo cambió la vida de las personas con esa tecnología. Busca información en recursos impresos o en línea. La siguiente tabla es un ejemplo.

Tecnología	Cómo cambió la vida
Comunicación: teléfono celular	Las personas pueden estar en contacto fácilmente.

- Primero, haz una lista de algunos tipos de tecnología que usa tu familia.
- Encierra en un círculo los que se usan para comunicarse, para viajar o para entretenerse.
- Elige uno de esos elementos para tu tabla.
- Dibuja la tabla y complétala.

COLABORA

Comparte la información de tu tabla con un compañero. Comenta otros tipos de tecnología que usa tu familia. ¿Crees que siempre es mejor usar la tecnología? ¿Por qué?

Acuérdate

La información de una tabla debe ser breve y fácil de leer. Escribe frases u oraciones cortas en cada sección de la tabla.

Chiyo Hoshikawa/amanaimagesRF

EVALÚA TU PROGRESO

¿Qué aprendiste?

Evalúa las destrezas que aprendiste en esta unidad. Encierra en un círculo tus calificaciones en la tabla.

	Excelente	Buena	Regular	Necesita mejorar
Terminaciones de palabras	4	3	2	1
Sinónimos	4	3	2	1
Detalles clave	4	3	2	1
Personaje, ambiente, sucesos	4	3	2	1
Principio, desarrollo, final	4	3	2	1
Tabla	4	3	2	1

¿Qué quieres mejorar? ______________________________

____

____

El texto y tú Piensa en los textos que leíste en esta unidad. Conversa con un compañero sobre una conexión personal que hayas hecho con uno de los textos. Completa esta oración como ayuda.

Hice una conexión con . . . porque . . .

Presentar el trabajo

COLABORA

Planea con tu compañero la presentación a la clase de la hoja de descripción del trabajo. Antes de completar las oraciones de abajo, coméntenlas.

Ana es cartera

Ana entrega el correo.
La comunidad la necesita.
Con su trabajo mantiene a su familia.

La parte de la hoja que presentaré es ______________________

____

____

Explicaré la relación entre las palabras y los dibujos de

la hoja: ______________________________________

____

Acuérdate

Decidan en qué orden presentarán la información de la hoja. Así todos tendrán la oportunidad de compartir su parte de la presentación.

Comprobar la presentación

- ☐ Escucha cuando habla otro en tu grupo.
- ☐ Prepárate para hablar cuando sea tu turno.
- ☐ Señala tu parte de la hoja.
- ☐ Habla con claridad y exprésate con oraciones completas.